夢をあきらめないで

68歳で性別適合手術

三土明笑 著
AKEMI Mitsuchi

現 代 書 館

はしがき

ここにお届けするのは、ひどく遅咲きで自分の性自認をみつめ直したわたしの、「性同一性障害」当事者としての体験と意見である。

男性の身体で生まれていながら、性別二元論の世の中で自覚する心の帰属感はむしろ女性側だというセクシュアリティーのもち主を「ＭＴＦ（Male to Female）」という。ＭＴＦの中でも、性的に好きになる対象もまた女性だという心のあり方の者を「ＭＴＦレズビアン」と呼ぶ。

こういう心のあり方は、なかなか理解されにくい。「好きになる対象が女性なら、当然心は男性のはず」と思われたり、あるいは「女の真似をしたがっているんだから、当然、男に性的に惹かれているんだろ？」と思われたりする。そのどちらでもないというのは、説明しにくいことだ。そもそも自分自身に対して、説明がつかなかったのだ。

そんなわたしの、幼いころの戸惑いから始まって、わたしの人生を彩ってきた「ジェンダー」関連の数々のエピソードを、初めてまとめあげたのが、本書である。

これまでのわたしは、たいした業績もない経済学者のはしくれで、ときどき下手の横好きで宗教評論のようなことを書く人間（性別は男性）と思われてきただろうし、その枠から大きくはずれるようなことは、書く機会もないままできた。もし文芸作家としても世に名が出るぐらいの筆力があったなら、ジェンダー面も含めた自分の内的体験の告白を、小説やエッセーのかたちで世に問う機会もあったかもしれない。残念ながらわたしは、一九九五年の第十四回潮賞小説部門で応募作品『しろがねの雲』（秦野純一名義）を四六七編中の最優秀作に選んでいただいた体験を唯一の例外として、全国区で作品を発表できるレベルの作家と認められたことはない。

二〇〇六年秋から十年間続いた「うつ病（正確には双極Ⅱ型障害）」の闇を通り抜けて文字どおり命拾いしたことを機に、長年の念願だった性別適合手術を受け、これまでの人生を、授かり直した命のあるあいだに書き記《しる》して世に問いたいと思うようになったのだ。

わたし自身は、性別適合手術を受けたからといって百パーセント女性として通用する容姿のもち主でもないし、年齢が年齢だから、今さらお化粧をおぼえてフォーマルな場にも女性として出入りできるようになりたいとも思っていない。第四章に書くように、「すっぴん・ローヒールの「修道女まがい」」として、あるいは「名誉女性」として、カジュアルな日常生活の場において性自認の性別で認めてもらえれば、それで十分と開き直っている。

戸籍名の変更も、もしこの年でそれをやったなら、これまでの人生の中で積もり積もってしまった財産関係や債権債務関係の書類をすべて書き換えねばならなくなるから、やるつもりはないし、戸籍の性別に至っては、既婚者であるがゆえに、そもそも変更できる条件を備えていない。

そんな中途半端な立ち位置のわたしだが、若くして自分の性別違和に気づき、これから身体の性別移行をして、生まれた身体とは逆の性別で人生を送りたいと真剣に考えている後続世代の方々のためには、わたしの時代とは違った環境整備が多く必要だと思う。当事者自身も早めに準備を始めるに越したことはないと思うから、それについての意見は、たくさん書かせていただいた。

「夢をあきらめないで」という言葉は、わたしがわたし自身に言い聞かせてきたメッセージであると同時に、性別違和をかかえる後続世代の人々に贈るはなむけの言葉でもある。

三土　明笑

夢をあきらめないで　68歳で性別適合手術◉目次

はしがき　1

第一章　すべてが始まった二〇〇三年——11

台風一過の秋の日に
それって「変身願望」ですか？
固定観念への解毒剤としての「性自認」概念
「心の性は女性」＝「男性同性愛者である」？
生きづらさの中で選んだ道
五十代を迎えて初めて気がついたこと
三変数図式によるセクシュアリティーの分類
ためらいの一年を過ごして
二〇〇三年、日本からイタリアへ
二〇〇三年、イタリアから日本へ
課せられた宿題
三変数図式の拡張

第二章　わたしのイメージチェンジ作戦——49

まずは名前づくりから始めた
服装のイメチェン作戦
髪型やヒゲの処理など

男女の服飾のコンセプトの違い
精神科カウンセリングにも通い始めてみた
「そう診断してほしい」という気持ちの強さが「診断」の根拠となる
家族へのカムアウトが生んでしまった心の溝
リアル・ライフ・エクスペリエンス
はたして「科学としての医学」がテーマだったのだろうか?
「里山に勝手に立ち入る他所者」
女性ホルモン摂取を希望するようになった
「フライング」によるホルモン摂取
ホルモン療法の進め方については複数の意見がある
性ホルモンと骨密度との複雑な関係
思わぬ伏兵は「過活動膀胱」

第三章 「うつ病」の十年を越えて―― 87
うつ病の発症と重症化
「うつ病地獄」のどん底へ
医療保護入院
生還までの三か月と三週間
「嗜好の問題には口出ししませんが……」
恐怖の「イソゾール」体験を思い出しながら

キリスト教会に足を運んだ
主任司祭も「LGBT」のことは気にかけていた
「今現在のホルモンバランス」と「性自認」とは関係がない
「今しかない」と決断

第四章 「名誉女性」を目指して——119

「「参籠修行」に行ってまいります」
術後療養期の二大トラブル
術後五十日で第三のトラブル——尿道狭窄
またまた言われた「嗜好には干渉しません」
ガウチョパンツからスカートへ
スカートにこだわる理由
パンプスは履いてもハイヒールは履かない
すっぴん・ローヒールの「修道女まがい」
女性名で洗礼を授かることができた

第五章 心は女性で、かつレズビアン——149

「男の子」の要素が全然なかったわけでもない
性的快感の経験については早熟だった
恋はいつも一方通行だった

「男の子らしくないわたし」だったからこそ、敏感になれたテーマもある
少女漫画で知った対馬丸事件
女装交際誌『くい～ん』を愛読したころ
小説『アクアマリン』に描いたMTFレズビアンの実像
小説『アクアマリン』の反響

第六章　「ジェンダー」について考えた　177
児童文学『ホームステイの異星人』との出会い
『ホームステイの異星人』のあらすじ
この作品の短所と長所
なかなか認知されなかったビアンカ・ピッツォルノの真価
解毒剤としての「環境起因説」
ジェンダー・バイアスは社会の産物である
「性自認」について、「環境起因説」は乗り越えられるべき時期が来た
デイヴィッド・ライマーのインタビューとビアンカ・ピッツォルノの手紙

第七章　性別違和に悩む人たちへのエール　201
小田急梅ヶ丘駅前で聞いた罵声
バスの運転士として活躍するMTFの女性

ＧＩＤは人口二百人に一人ぐらいはいるようだ
「ＬＧＢＴ」よりも「ＳＯＧＩ」という表現のほうが公平だ
「同性愛」を広く解釈しすぎることも問題だ
三変数が別々の変数であることは、変数間に相関がないという意味ではない
生まれた身体の性に心がかなり引きずられていることは否定できない
結局、性同一性障害も性分化疾患の一種なのだろうか？
疾患なのか個性なのか
「脱病理化」と「医療的ケアの充実」との両立を
早期発見、早期「治療」開始の必要性
ＧＩＤ学会が設けた認定医制度
総合的なジェンダークリニックの充実を
「焼き鳥屋の秘伝のタレ」みたいなＳＲＳの現状
未踏の大地を行くわたしたち

参考文献――247

あとがき――250

第一章　すべてが始まった二〇〇三年

台風一過の秋の日に

二〇一七年十月二十二日（日曜日）。その日は衆議院総選挙の日だった。

わたしが羽田から日本海側のとある空港まで、朝一番の飛行機のチケットを買ったのはひと月以上前の九月十九日だった。まさかその日が衆議院議員選挙の投票日になるとは予想していなかった。解散が決められたのはチケット購入よりあとだったからだ。やむをえず選挙は不在者投票で済ませ、当日は予定どおりに旅立つことにした。

そこにもうひとつ、予想外の事態が加わった。この年最強の季節外れの台風二十一号が本土に接近し、上陸の構えを見せ始めたのだ。二十二日の未明には台風の予想進路は東京直撃コースに絞られ、前触れの雨も激しく降り始めた。飛行機は離陸できるのか、離陸したとしても目的地に着陸できるのか、気をもませる展開となってきた。機内放送で「天候によっては引き返すこともありえます」とアナウンスがあったものの、幸い午前九時過ぎに乗機は無事着陸して、ほっと胸をなでおろした。時間的余裕をみて朝一番のチケットを買っていたからいいものの、後続の便だったら、その日のうちに目的地へ着くのは不可能となり、翌日に予約してあった手術も自動的にキャンセルとなり、無期延期にされる可能性もあった。

その晩はビジネスホテルに宿をとり、選挙の開票速報と台風情報がきびすを接してあわただしく放送されるのをみて眠りに就いた。翌朝、関東地方はまだ台風の圏内にあったであろう午前八時半にクリニックに出頭。九時過ぎには手術台の上の人となった。

全身麻酔をかけられる直前、「麻酔から醒めたら、「深呼吸、深呼吸」と言いますから、そのとおりにするように、覚えておいてください」と言われた。その後すみやかに点滴に麻酔剤を入れられ、顔面のマスクからも麻酔ガスを吸入させられて、十秒ぐらいで意識が混濁して闇に吸い込まれた。

「はい、終わりました。深呼吸、深呼吸」と言われるまでに経過した時間は、ほんの五分ぐらいに思えた。意識は術前と完全につながっており、ここはどこか、今のわたしは何を受けているのかなど、経緯はすべてわかった。

指示に従って深呼吸を十回ぐらいくりかえすと意識はほぼ完全な覚醒状態に戻り、五分もすると手術室の様子を細部まで眺める余裕も生じた。手術室の壁の時計は午後四時半をまわっており、じつに七時間以上も眠らされていたことになる。時計のほかに術前には気づかなかった小さなホワイトボードも壁にかかっていて、手術の摘要が赤のマーカーで書かれていた。表題は「性転換手術」。

それを見て若干の不満を覚えた。「性別適合手術」であるべきだと。

満五歳のとき、「ボクのからだは、こんなんじゃいやだ。女の子のからだでなくちゃいやだ」と思った。「神様」を何となく信じていたわたしは、「神様、ボクを女の子にしてください」と何度も祈ったものだ。当時のわたしは、形成外科の技術をもってしてそれをほぼ望みどおりに叶《かな》えるすべがあるとは知らなかった。でも、神様ならできると思っていた。

六十三年後に実現したわけだ。

英語で「Sex Reassignment Surgery」（略称ＳＲＳ）と呼ばれるこの手術は、直訳すれば「性別再割当手術」となるが、生まれたときに割りあてられた性別を「変更する」とのニュアンスのあるこの訳語を日本の医学界では避けて、「性別適合手術」という意訳を採用した。患者の身体のかたちを当該患者の本来の「心の性＝性自認」に適合したものにあらためるという意味で、そう呼ぶことになったのだ。

それって「変身願望」ですか？

この「性別適合手術」という言葉に関連して、二つほどエピソードを紹介しておきたい。

ときどき、ウェブ上の質問箱に、若い人から「性転換」についての質問が寄せられることがある。たとえばこんなぐあいだ。

「質問：僕は十六歳の男子です。性転換に興味があります。将来自分も場合によったら性転換してみようかなと思っています。男性から女性への性転換手術を経験したかた、性を変えてみての感想はいかがですか？」

こういう質問に対しては、つぎのように答えるのが当事者からすると模範解答だ。

「性別適合手術（ＳＲＳ）を受けた者としてお答えします。あなたがもし「性を変える」ことができると考えているとすれば、まずもってその誤りを自覚してください。あなたは質問の冒頭に「僕は……男子です」と書いていますが、そういう言葉をためらわずに書けるところからみて、あなたは男性の身体で生まれていることについて、大きな違和感は覚えていないようにお見受けします。そのあなたが、手術によって身体のある部分の外観を女性のかたちに変えることで、今の「男性」から「女性」に変身できるとでも思っているのなら、それは幻想です。性は変えることができません。ここでわたしが言っている「性」とは、自分が男性と女性の、どっちのグループに属しているかという心の帰属感のことです。「性自認」あるいは「心の性」と言います。生まれつきの性自認が身体の性と一致しないで苦しむのが性同一性障害です。性別適合手術は、そういう人に対して、身体の外観のほうを変えて、心の性に合った社会生活を送れるように援助する医療です。もし性自認が男性である人が身体の外観を女性のかたちに変えることで「自分も女性に変身できるのでは……」との期待を抱いて手術を受けたなら、手術後の状態こそが性同一性障害の状態になってしまいます。ＳＲＳは「変身願望」を満たすための手術ではないことを、しっかり肝に銘じてください」

第二のエピソードは、かつて、わたしが自分の性別違和に向き合おうとし始めた二〇〇二～三年に、参考にさせていただいていた「Ａの性同一性障害日記」というウェブサイトの掲示板で交わされていた問答。残念なことにAさんは四年後に自殺なさったが、当時三十代後半のMTF（男性の身体で生まれて性自認が女性の人）で、男性として就職した職場の人事担当者と粘り強く交渉して、女性社員としての扱いを勝ち取ったという殊勝な人だった（わたしもリアル世界で三度お会いしたことがある）。

その掲示板に、あるとき、妙に自信ありげな上から目線の人がつぎのような意見を寄せてきた。

「男性に生まれたけれど心の繊細なある種の人が、世の中の生きづらさを経験しているうちに、一度人生をリセットして女性に変身したほうがいいと考えたりすることは、確かにあります。しかし、現実を直視し、冷静に考えているうちに、いずれは治癒するものです」

こんな意見は無視してもいいのだが、律儀なAさんはご自分なりの懇切丁寧な返信を書いて、このウェブサイトで性同一性障害と呼んでいるのはそのような一過性のものを指しているのではありませんと、説明をされた。そう言われると相手も、簡単に説得されたくはないのか、しぶとく食い下がり始めたが、最後にAさんが放った決定打はつぎのようなものだった。

「あなたがいちばん誤解なさっている点は、わたしのことを「女になりたがった」結果、今のような生き方を始めた者だと思い込んでおられる点なのです。わたしは、自分の生まれもった身体の性別である「男」というものに自分を順応させることができたらむしろ楽だろうと思って努力したあげく、そうなれない生まれつきの自分を発見したのです。わたしは「女になりたかった」のではなく「男になりたかった」のです」

わたしもAさんと同じく、「女になりたかったのではない」のだ。質問箱の投稿者の「十六歳の男子」君のように、好奇心や変身願望で「性転換手術（と彼らが呼びたがる手術）」を受けたら、術後しばらくして「なりたいと思ったのに、女になれない」ことを発見して、後悔することになるだろう。逆説的ながら、性別適合手術は「女になりたい」と考えるのではない人が受けてこそ、QOL（クォリティー・オブ・ライフ＝生活の質）の向上につながる正統な医療たりえる。

じゃあ、わたしが満五歳のときに祈った「神様、ボクを女の子にしてください」との言葉の言わんとするところは何だったのかと、尋ねられるかもしれない。

七五三の時（1954年）

五歳のときのわたしが、「ボクのからだは、こんなんじゃいやだ。女の子のからだでなくちゃいやだ」と切実に思っていたことは事実だ。

それは、「身体も心も女の子」である「ボク」が「身体も心も男の子」である「別の何者か」に「変身」したいと思っていたのではない。股間に変な竿のついている身体をしているがゆえに、心に合わないふるまいを周囲から期待されるのがとてもいやで、もっと心に合うように、「男の子」と呼ばれなくて済む身体に変えてもらいたいと、切に願っていたということなのだ。生物学的に言って「赤ちゃんが産めてお乳が出る身体」にはなれないとしてもだ。

そして、わたしもまたAさんと同じように、その後の人生の途上で、「身体の性に順応できる心になれたら、つまり心の性を男性へと矯正できたら、もっと楽になれるだろうに」と何度も思ったことも事実だ。でも、そうはなれなかった。

固定観念への解毒剤としての「性自認」概念

「そうか。じゃあやっぱりあなたは、男になりたかったけどなれなかったから、目指す方向を百八十度ひっくり返して、女になろうと考えたんだね」……そんな声が、どこかから響いてきそうだ。

先のAさんも、そういう早合点の「理解ある」批評にはずいぶん悩まされたらしい。が、Aさんが言いたかったことは、「わたしは「男になりたい」と努力を重ねたあげく、それは徒労であったと悟ったのです。なぜなら、生まれたときから、男の心を授かって生まれてきてはいなかったのだから」ということである。

わたしのような、自分を性同一性障害と自覚している者が、自分の置かれている状況について説明しようとすると、「女っぽい男」、「女の真似をしたがる男」、「女になりたがっている男」など、いずれにしても「男」という名詞を最後に置いて、その前にいろんな形容句をもってきて、それで「いちおう理解できた」と安請《やす》け合いする人が、しばしばいる。というか、性同一性障害の概念がある程度世の中に広まる前は、ほとんどの人の反応がそうだった。

そういう「解釈」を聞かされるたびに心に浮かぶのは、ペットボトルの口に漏斗《ろうと》をとりつけて水を注いでいるようなイメージだ。漏斗の上部から注いだ水なら、あまり狙いが正確でない注ぎ方をしても、最終的には同じ孔に吸い込まれてボトルに収まる。その「同じ孔」が右の諸々の表現に出てくる「男」という一語なわけだ。

そこでは、「ヒトの性別といったら、生まれた身体の性別以外の意味ではありようはずがない」ということが大前提となっている。その前提に立ったたうえで、「性を変えられるなどと思うのは、妄想ですよ」と、ご丁寧にも「忠告」してくださるおせっかいな人も、ときどきいる。

これに対して、Aさんが放ったあざやかな切り返しの一打は、もう一度言い直せば「おっしゃるとおり、わたしも「性を変えられる」なんて思っていませんよ。わたしは「女になりたかった」のではなく、最初から「女だった」のです。だから「男になりたい」と思ったにもかかわらず、なれなかったのです。生まれもった性は「変えられなかった」のです」ということだ。

「身体の性」とは区別される「性自認」という意味での「性別」概念との出会い。これこそが、Aさんやわたしのような者にとっては、漏斗の孔に吸い込まれずに済むための救命胴衣だった。これを得たことで初めて、「そうです。自分の「性」を変えられるなんて、思っていません」と堂々と胸を張って答えながら、同時に、「自分にとって違和感のある性」の枠組みにはまって生きなければならないという不自由からも解放される道を積極的に模索することが可能になった。

「わたしの心の性は身体の性とは逆で、女です」とか、あるいは「わたしの心の性は身体の性とは逆で、男です」とかいう、性同一性障害（性別違和）の当事者に好まれる表現は、後に述べるように、過度の単純化ではないかと、異議を唱える人もある。しかしこれは、「あなたは男の身体で生まれているのだから、性別は男以外でありようはずがない」とか、「あなたは女の身体で生まれているのだから、性別は女以外でありようはずがない」というこれまでの固定観念に立った決めつけに対するひとつの解毒剤として、意表を突く表現を敢えて採用しているのだと、わたしは思っている。

「心の性は女性」＝「男性同性愛者である」？

もっとも、こうまでしてやっと「身体の性」と区別される「心の性」があることを承認してもらっても、さらにもうひとつハードルが立ちはだかってくる。

「心の性」とは要するに「「好きになる性＝性的指向」の反対の性」のことだろうと早合点する人が、いまだに多いのだ。

たとえば、ウェブ上のいろんなサイトへの投稿に、つぎのような表現が出てくる。

「わたしも知人にゲイの人がいるから、おっしゃることはわかります。その人は男性と同棲していて、使う言葉もオネエ言葉で、ほんとに心は女性なんだなあと思います」。どうやらこの人は、「ゲイとは、男性の身体で生まれていながら男性を好きになる者のことだから、「心の性」は女性なのだ」と考え、「彼が物腰や服装や言葉遣いを女っぽくしているのは、その「心の性」に合わせた自己表現なのだろう」と考えているようだ。

わたしは昔から、「生まれた身体は男性だけれども、女性的な物腰や服装や言葉遣いを好む」という人を指して、多くの人がじつに安易に「ああ、彼は同性愛者だ」と評してわかったつもりになるのが、ふしぎでしようがない。そんな批評は、同性愛そのものを正しく理解していないからこそ生じるものではないだろうか。

自分が相手の中の男性性に惹かれると同時に、相手からも自分の中の男性性に魅力をみいだしてほしいと願うのが、生粋の男性同性愛ではないか。そこに「女性的な物腰や服装や言葉遣い」という要素が介在する必然性は、別にない。同時に、「男性の身体で生まれていながら女性的な物腰や服装や言葉遣いを好む」という人をみかけたときに、「同性愛者だからそうしているのだろう」と推測しても、それが正しい推論である保証はない。現にわたしは、自分自身の性自認に向き合うようになって以来、レディースの服装で暮らすのをあたりまえと感じるようになって今に至っているが、性的指向において「男性を好き」であったことは一度もない。

わたしは、満五歳のときから、自分が周囲から「男の子」と規定されて、それにふさわしい遊びをしたり、仲間づくりをしたりすることを期待されるたびに、「自分には合っていない」との不具合を感じていた。「男の子」と「女の子」の違いは、「立ちション」の道具である変な竿が股間についている子と、しゃがんでおしっこすることの許されている子との違いだということ（およぴ、女の子は大人になったら赤ちゃんを産めるということ）しかわかっていなかった。が、とにかく、「こんな変な竿さえついていなければ、女の子と同じようにしゃがんでおしっこすることが許されて、同時に、男の子だからああしなさい、こうしなさいと、自分に合わないことを周囲から期待されることもなくなるのだ」と思うと、「こんな竿なんて、なくなってしまえばいいのに」と、つくづく思えた。いっそ自分で切ってしまえないかと思って、カミソリの刃をあててみたことがあるが、みみずばれが二、三本ついただけで、切れなかった。

男の子のする闘争的な遊びには、ハナからついていけなかった。正直なところ、ベーゴマだのメンコだのいうものは、どういうルールで遊ぶのか、わたしは今もって知らない。やったことがないし興味もないからだ。もっとも、女の子の仲間に入ってままごとだの綾取《あやと》りだのするのは、気恥ずかしくてできなかったから、結局だれとも遊べず、家の中で絵本でも眺めているしか時間の使いようはなかったのだが……。

そんなわたしだが、満十二歳になると同時に、通学バスで乗り合わせる「女の子」たちにそれまでになく心惹かれるものを感じ、胸のときめきを覚えるようになった。これを「恋」というのだと、初めて知った。以来、性的にときめく対象はつねに女性で、男性に対して性的関心を抱いたことは一度もない。「女の子を好きになるのだから、曲がりなりにも自分は男の子なのだ」と自分に言い聞かせたわたしは、「女の子からあこがれてもらえるような、男らしい男にならなければいけないんだ」との義務感を感じ、そうなろうと努力はしてみた。たとえば、高校一年の秋の運動会に向けては応援団の一員となり、「学ラン」姿にたすきがけで、先輩に怒鳴られながら練習に励んだ。でも、およそ「女の子からあこがれの対象に選んでもらえるような男らしさ」はわたしの身にはつかなかった。

青春時代に恋愛で成功したためしはない。今のつれあいとは、お見合いからわずか二か月の電撃結婚だったおかげで、ぼろが出ないうちにゴールインできた。あと半年も交際を続けて、わたしの「男性としてまったく頼りにならない」面を見抜かれてしまっていたら、破談になっていたかもしれない。

このようなわけで、わたしは「男性同性愛」の傾向は微塵もたず、「性的指向」が女性に向かっていることは確かなのだが、じゃあ、その反対の性である「男性」というグループに自分の居場所があると感じたかというと、そうではない。満五歳のときに感じた違和感が心の底流にはずっとわだかまり続けていたのだ。

そして、人生のいろんな局面で、女性グループの側に身を置いていたほうが、心が落ち着くのは事実だ（恋愛対象としての「男」の品定めをする会話は別としてだが）。このようなことを指して「あなたの心の性は女性ですね」と人に指摘されるなら、「そうですよ」と素直に肯定したい気持ちが、わたしにはある。

「心の性」あるいは「性自認」とは、この場合の「自分の居場所」のようなものを指している。それが「「好きになる性＝性的指向」の反対の性」に一致する人もいるだろうけれど、一致しない人もいる。わたしの場合は後者だ。

そして、ＳＲＳ（性別適合手術）は、身体の外観をできるだけ自認の性に近づけて、自認の性別での社会生活を容易にするためになされる医療行為だ。男性の身体で生まれて性自認が女性の場合、股間の「竿」を除去して、その跡を女性型に変えてもらう手術ということになる。ただし、男性との正式な結婚をも視野に入れて男性とセックスできる身体のかたちを望む人の場合は造膣手術が不可欠であるのに対して、たんに性自認に合った身体の外観が得たいというだけの場合は造膣なしのコースを選ぶこともできる。わたしもそうしたのだ。

生きづらさの中で選んだ道

わたしが大学を出て初めて社会人になったころには、まだ性自認と性的指向をはっきり区別する学説もなく、また、人が男らしい心に育ったり女らしい心に育ったりする原因を、生まれて以後の周囲からの刷り込みによるものとする説が、妙に勢いを得ている時代でもあった。

同性愛、とりわけレズビアンについては、戦前や戦後初期の、恋の自由がなかった女子校での先輩へのあこがれのかたちをとった擬似恋愛などがその典型としてイメージされた。その結果、「お嫁に行く前の籠《かご》の鳥」状態の少女たちの心をとらえる「一過性の流行《はや》り病」みたいなもので、いずれ結婚適齢期が来れば「卒業」するものだ、などと評する風潮が強かった。今は死語だが、当時、それを指す「エス」〔注：sisterのS〕という語が存在した。ペギー葉山が唄った『学生時代』という歌の三番の歌詞にはそんな雰囲気が漂っている。それと並行してゲイについても、若いときの一過性のものといったイメージが支配的だった。だから、十分な成熟過程を経ているはずの成人の中に同性愛者がいるとすれば、それは何らかの後天的要因によってもたらされた成熟不全のようなものであり、矯正する方法があるはずだという考え方になってくる。いずれにせよ、ヒトのセクシュアリティーについて、先天的な「多様な生まれ方のひとつ」として理解する道は閉ざされていた。後に医学上の疾患（治療を要する病気）のリストからは除かれる同性愛についてさえそうだったのだから、ましてや、自分の性自認が生まれつきの身体の性と食い違っているなどと告白すれば、それは何か別の精神疾患の結果として生じる思い込みだと決めつけられるのがオチであった。

そんな中で、既存のサラリーマン社会で「男性」に要求される標準的な人間像にはあてはまらないことを自覚していたわたしが、生まれた身体の性とかろうじて折り合いをつけながら生きてゆける道として選び直したのが、大学院に行って大学の教師になる道だった。

わたしが大卒後最初に得た職場は、就活におけるまぐれあたり的な幸運が重なって、世間的価値観からすれば身に余るものを得たのだったが、わたしは最初から、長くは勤められないことを知っていた。転進の理由として「実務に役立つだけの経済学ではなく、学説史の全体をきちんとふまえた経済学を学びたい」と思ったとか、偉そうなことを過去に書いたことがある（三土修平著『経済学史』（新世社、一九九三年）まえがき）。それは嘘ではないものの、じつは第一位の理由ではなかった。端的に言えば、職場のレクリエーション行事で、男性としてのスポーツがまったくできなくて、初回は何とか口実をつけて逃げたものの、参加辞退が二度、三度と重なると、口実をみつけるのが困難だったからである（まったく身《み》も蓋《ふた》もない話である！）。

三十三歳で就職し直した大学という職場にも親善スポーツの機会はあったが、一般サラリーマンの職場ほどそれが強制されることはなかったので、かろうじてそこを自分の居場所として適応することができた。

五十代を迎えて初めて気がついたこと

そんなわたしにとって、五十代を迎えることは長年の葛藤《かっとう》をもう気にしなくてよい時期を迎えるという意味で、「わが世の春」であった。五十代半ばにもなれば、職場の親善スポーツに誘われても「わたしみたいな老いぼれは、足手まといになるから……」と言えば済む。だからわたしにとって「人生、老いてますます楽し」となるはずだった。

ところが、その楽観とは裏腹に、五十代を迎えて気がついたもうひとつの重大な事実があった。ヒトという動物の性別による身体的特徴が最も両極に分かれ、「男は男らしく」、「女は女らしく」なるのは、それぞれの性ホルモンの分泌がピークに達して、生殖能力が最大になる二十代半ばぐらいだろうかと思うと、案外そうでない。身体全体から発散される「男くささ」というのは、今現在の男性ホルモンの分泌量よりも、長年にわたって男性ホルモンで培《つちか》われてきた身体の履歴に依存するところが大きいように思われる。現に、会社の重役とか政治家とかで、天下に名の出るぐらいの年代の男性というのは、しばしばおなかの出た中年太りになっているだけでなく、肌はぎとぎとと脂ぎっていて、ひげの剃《そ》り跡も濃く、眉毛は若いときよりも剛毛の度合いが増して長くなり、耳の中にまで毛が生えていたりする。二十歳そこそこの若者が、ひげをきれいに剃って軽く化粧するだけで素人演芸の女性役ぐらいなら務まるのとは大違いだ。

「でも、ああいうのは、社用の宴会漬けで肝臓がフォアグラになったような連中の姿で、自分はもっとスマートに老いるのだ」と思っていたわたしだったが、五十の坂を越えてみると、いつのまにか、鏡に映る自分自身の姿があれらの「オジサン」の姿にぐんぐん近づきつつあるではないか。かつては「自分とは縁遠い連中の姿」と思っていたものが自分自身のものになってくるのは、わたしの心からみて耐えがたいことに思われた。

そんな折も折、世の中で「性同一性障害（略称GID＝Gender Identity Disorder）」という言葉が急に市民権を得始めた。

武田鉄矢の主演で視聴率の高かったテレビの人気ドラマ番組『3年B組金八先生』（第6シリーズ）で、上戸彩が演じたFTM（身体が女性、心が男性）の中学生・鶴本直が、自分は男だと主張して周囲と葛藤する話が放送されたのは、二〇〇一年秋から二〇〇二年春にかけてであった。競艇の安藤大将《ひろまさ》選手が性同一性障害をカムアウトして、女子選手から男子選手への登録替えを希望し、話題になったのも、同じ二〇〇二年春のことだった。「世の中にはそういう人がいるのだ」ということが多くの人に知られるようになった。そして、性別適合手術も医療倫理上許されるとする判断が医学界ではすでに下り、現に国内で手術も行なわれるようになっているのに〔注二〕、その医療を受けた人が戸籍の性別を変えようとするとそれは許されないという、医療と法制度の不整合を指摘する声が当事者から上がった。そうした当事者とその支援者たちの力で、「性同一性障害者の性別の取扱いの特例に関する法律（略称：GID特例法）」の立法へ向けて運動が盛り上がった（翌年七月に実現する）。

〔注二〕一九九六年に埼玉医科大学倫理委員会が性別適合手術を正当な医療行為と認める答申を学長に提出し、一九九八年に同医科大学病院で第一例の手術が行なわれた。また、一九九七年には日本精神神経学会が「性同一性障害に関する診断と治療のガイドライン（第一版）」を作成した。

三変数図式によるセクシュアリティーの分類

ヒトのセクシュアリティー（性的なあり方）をめぐる議論のそれまでの混乱を大幅に整理する画期的な「三変数図式」にわたしが出会ったのも、二〇〇二年の春のことであった。それは、性科学についての情報を検索して、アメリカの性同一性障害の計算機科学者であるリン・コンウェイ（Lynn Conway）のホームページ（英文）をみつけた結果であった。

彼女の伝えるところによると、現代では、ヒトのセクシュアリティーをめぐる議論は、「身体の性」、「性自認（心の性）」、「性的指向」の三変数を別々の変数としてとらえることを共通の合意事項としたうえで展開される。

性科学では「男性（Male）」をM、「女性（Female）」をFで表わすのが慣例だから、三変数図式でも、とりあえず各変数のとる値はMまたはFの二値であるとして議論が展開される。そして、「身体の性」を第一変数、「性自認」を第二変数、「性的指向」を第三変数として、この順序でMやFの字を並べる。

二値をとる三個の変数の組み合わせだから、二×二×二＝八通りあって、ヒトのセクシュアリティーの多様性は、とりあえず表1のように整理される（なお、性自認が身体の性に一致している人のことを「シスジェンダー」、一致していない人のことを「トランスジェンダー」〔注二二〕という。また、性

表1

	身体の性	性自認	性的指向	
①	M	M	F	シスジェンダーで異性愛の男性
②	M	M	M	シスジェンダーで同性愛の男性
③	M	F	M	トランスジェンダーで異性愛の「心は女性」
④	M	F	F	トランスジェンダーで同性愛の「心は女性」
⑤	F	F	M	シスジェンダーで異性愛の女性
⑥	F	F	F	シスジェンダーで同性愛の女性
⑦	F	M	F	トランスジェンダーで異性愛の「心は男性」
⑧	F	M	M	トランスジェンダーで同性愛の「心は男性」

愛の対象を同性に求めるか異性に求めるかという場合の「同」や「異」は、「心の性」を基準にして考える）。

これらのうち③および④を「Male to Female」、略してMTFと呼ぶ（Tを小文字で書いている文献も多いが、本書では大文字にしておく）。⑦および⑧を「Female to Male」、略してFTMと呼ぶ（Tを小文字で書く例も多いことは前と同じ）。これらの呼称は「男性から女性へ変わりたいと思う人」とか「女性から男性へ変わりたいと思う人」という、ひと昔前の「性転換希望者」というとらえ方（＝偏見）を反映している感があるので、避けたほうがいいと考える人もあるが、本書ではあくまで便宜的な記号と考えたうえで、踏襲しておく〔注三〕。

性同一性障害（GID）は、これらのうち心の性が身体の性とのあいだで食い違いを生じている③、④、⑦、⑧の類型の人々を指す言葉だ〔注四〕。この食い違いは、一九九〇年代以後の支配的な学説によれば、胎児期の脳の性分化が、身体の性分化と同一の方向に起こらなかったことが原因と言われている。

ヒトの胎児期の性分化は、性染色体のあり方（XXかXYか）に応じて最初に性腺の性分化が起こり、男性型では精巣（睾丸）が形成され、女性型では卵巣が形成される（受精後第八週ぐらい）。性腺が性分化するのとほぼ同時に内性器（男性で精巣上体・輸精管・精嚢《せいのう》・前立腺、女性で卵管・子宮）も原型ができる。外性器（男性で陰茎・陰嚢《いんのう》。女性で陰唇・陰核・膣前庭）の性分化は性腺の性分化に少し遅れるが（受精後第十〜十一週ぐらい）、女性型がベースになっており、男性型はそこからの派生型として分化する（未分化の時期は男女とも陰唇のあいだの前部に陰核があって、後部に尿道口があるかたちをしているが、男性の身体で生まれる胎児の場合は左右の陰唇が接合して陰嚢を形成し、そこへ精巣が下りてくると同時に、陰核が大きくなって陰茎を形成し、その中へと尿道が伸びて尿道口が陰茎の先端に開くようになる）。精巣は胎児期においても男性ホルモンを活発に分泌する能力があり、その男性ホルモンの作用によってこの分化が起こるのだ。脳の性分化はこの外性器の性分化よりも時期的に遅れて起こり（受精後第二十週以降）、やはり精巣から分泌される男性ホルモンの作用によって男性型への分化が起こるのだが、このときの「ホルモンシャワー」の働きが弱いと、脳の男性化が十分に起こらない。その結果、物心ついて以後、自己の身体の性別に対して心が違和感を覚えるようになる。MTFの発生原因については、この「ホルモンシャワー説」が最も説得力のある説明を提供している。

FTMの場合は、精巣が形成されず、内性器・外性器の男性型への分化が起こっていないのに、脳は男性型に分化するので、その説明はMTFの場合ほどすっきりいかないが、いずれにせよ、親の育て方や親族構成など（きょうだいが男の子ばかりとか）によってそうなるのではなく、胎児段階での脳の性分化に原因があるということはほぼ通説化している。

この図式が世に示されたことで初めて、「自分のような者もまともに理解される時代がきた」と喜んだ人は多いだろう。

たとえば③や⑦の類型に属する人は、従来しばしば「同性愛者」と決めつけられてきたが、心の性からみての異性を性愛の対象として求めているのだと理解され直すことで、「男性らしい男性どうしが互いの中に性的魅力を感じる」という「ゲイ」や「女性らしい女性どうしが互いの中に性的魅力を感じる」という「レズビアン」とは別の類型であることを、今では認知してもらえるようになった。それらの人が性別適合手術を受けて戸籍の性別を変更した後に異性と結婚することも、シスジェンダーどうしの異性婚と同じに扱ってもらえるようになった。

さらに、④や⑧の類型に属する人は、性的指向に関するかぎりは「シスジェンダーで異性愛の人」と変わらないので、身体の性からみて「異性」の姿をしたがることを周囲から理解してもらえないことが多かったが、「心の性」が「身体の性」と食い違うことに悩んでいるのだと理解されることで、初めてしっくりした位置づけを得るようになった。

とりわけ、ＭＴＦの中にはかなりの頻度《ひんど》で④の類型の人がいるもので、そういう人は従来、「女っぽいから、きっと同性愛者に違いない」との決めつけに悩まされてきたものだが、身体の性からみるかぎりは周囲が想像するような「同性愛者」ではない。ただし、やや逆説的ながら、心の性からみれば「同性愛者」という理解が可能であり、「MTFレズビアン」と呼ばれることもある(FTMの中にも同様にして、⑧の類型に属する「FTMゲイ」が存在する)。

この図式に出会うことによってわたし自身、長年、心にかかっていたもやもやとした霧がすっきり晴れたように感じたものだ。

〔注二〕二〇〇〇年前後のわが国では、性自認が身体の性と一致しない人のうち、生まれついた身体のかたちを変えることまでは求めない者を「トランスジェンダー(TG)」と呼び、身体のかたちを変えることまで求める者を「トランスセクシュアル(TS)」と呼ぶ用語法が、かなり広く用いられていた。が、現在ではこの用語法を用いる人は少ないので、本書では両者をともにトランスジェンダーと呼ぶことにしている。

〔注三〕「心の性」のほうを重視する見地から、MTFのかわりに「トランスウーマン」、「トランス女性」、「トランスガール」などの語を用い、FTMのかわりに「トランスマン」、「トランス男性」、「トランスボーイ」などの語を用いる人が、近年では徐々に増えている。なお、本書では今後「シスジェンダーの男性」をMTM、「シスジェンダーの女性」をFTFと略称することがあるが、これらは、MTFやFTMの流儀を真似てわたしが使っている俗称であり、正式なものではない。

〔注四〕Gender Identity Disorderは、WHO(世界保健機関)が発表しているICD(国際疾病分類)の第十版「ICD-10」(一九九〇年)および米国精神医学会が発表しているDSM(精神疾患の診断・統計マニュアル)の第四版「DSM-Ⅳ」(二〇〇三年)に記載されていた疾患名。DSMの第五版「DSM-5」(二〇一三年)では、依然として「疾患」には分類されているものの、Disorder(障害)という表現は避けてGender Dysphoria(性別違和）と改称された。また、ＩＣＤの第十一版「ＩＣＤ－11」（二〇一八年六月）では、従来のこの概念に相当するものはGender Incongruence（仮訳：性別不合）の名で「性の健康に関連する状態」の一つに分類され、「疾患」とみなすこと自体が廃止された。本書で「ＧＩＤ」や「性同一性障害」の語を用いるのは、一般社会向けという本書の性格に鑑《かんが》みて、報道やドラマでなじまれてきた名称を踏襲してのことである。ただし、旧名にこだわらないことを示すために、適宜「性同一性障害（性別違和）」などの併記を用いる。なお、「性同一性障害」は医療上の疾患名であるのに対して「トランスジェンダー」（直訳すれば「性別越境者」）は当事者の名乗りとして始まった語だから同一視するのは誤りだという主張もときどきみられるが、本書ではその議論には立ち入らない。

ためらいの一年を過ごして

この三変数図式を知り、なるほどと納得のいったわたしは、自分の生きづらさの少なくともある側面はこの「心の性が身体と一致しないこと」から来ていたのだと気づいた。「女性に性的に惹《ひ》かれて、結婚もできたのだから、自分の心は曲がりなりにも男性と考えねばならないのだ」という義務感が、それまでのわたしを縛りつけていたが、もっと柔軟に考えることもできるのではないか。現に、オジサン化する自分の身体を鏡で見て居心地の悪さが募ってきていることも、生まれつきの「心の性」が反対だからだと考えれば自然に説明がつくように思えてきた。

ただ、今さら生き直すためには自分は年をとりすぎているとの感を否めなかった。

だから、自分もその傾向を密かに共有する者としてＧＩＤ当事者の運動を支援したい気持ちはあるものの、支援はウェブ上のバーチャル空間での当事者との交流の範囲にとどめ、自分のライフスタイルの変更までは手を出さないというのが、二〇〇二年のわたしだった。

そのわたしが「支援者・同伴者というだけでなく、自分自身が当事者なのだ！」と思うようになったのは、二〇〇三年の年が明けてすぐのことだった。

偶然、戸籍の性別変更を可能にする立法の請願運動を支援している法学者に会い、話をする機会があった。会話の中で「あなた自身も、身体の性別への違和感をかかえておられるのなら、精神科できちんとカウンセリングを受けてみたらいかがですか」と勧められた。その勧めに従って、ＧＩＤ専門の精神科クリニックに予約をとりつけ、訪れてみた。

50歳目前のわたし（1998年）

少なくとも、オジサン化する身体をこれ以上放置することはやめて、せめて違和感の少ない状態まで自分をイメージチェンジしてみたいとの願望が、急激に湧いてきた。

その折も折、上川あやさんの

世田谷区議会議員選挙への出馬表明があり、わたしも及ばずながらその助けになればと、運動の現場に出かけて行った。

二〇〇三年、日本からイタリアへ

それから二、三か月のあいだにわたしが何をしたかについては、今の時点でふりかえって文章化するよりも、当時の記録をそのまま載せるほうが適切だろう。

幸い、長年文通しているイタリア人のペンフレンド（女性）二人に二〇〇三年五月十八日付けで出したイタリア語の手紙のファイルが今もわたしの手許《てもと》にある。二人にほとんど同文の手紙を出したので、ひとつにまとめて紹介する。

まずわたしは、その年の四月に日本では統一地方選挙があり、わたしの住む東京都世田谷区では上川あやさんという三十五歳のトランスセクシュアルの女性が区議会議員候補として立候補したことを紹介した。それから、上川さんの生い立ち、彼女が身体的な性別の移行を決意するに至った経緯を簡単に述べ、彼女が幼いころから「自分に割りあてられた性別は何か間違っている」との感覚に悩んできたこと、二十七歳のときに彼女が始めた「移行」のプロセスは、彼女にとっては「それまでと別の存在に変わることではなく、むしろ本来の自分自身（の性別）への回帰」だったことをも紹介した。しかし三年の後に上川さんが女性として社会から受け入れられるに十分な容姿を手に入れて、フルタイムで望む性別での生活を始めてみると、その彼女の前には大きな壁が立ちふさがった。日本の法律によれば、誕生時の医師の判定に誤りがあった場合を除いて戸籍の性別の変更は許されておらず、それゆえ、日常生活上の彼女は完全に本来の性で通っているのに、彼女に交付されるあらゆる公文書には望まない性別が書き込まれ続け、それが彼女の人生に大きな混乱と不便をもたらすものとなった。そして、今や日本でも数多く存在する彼女と同じ境遇の人たちが、この点の改善を求めて政府や地方自治体に対して多くの請願を出したにもかかわらず、状況は改善されないままに時間が過ぎてきたため、上川さんはついに「まずは自分の住む自治体から変化への先鞭《せんべん》をつけよう」と考え、区議会議員に立候補するに至ったのだ。

以下、わたしの手紙の文章そのものを引用してみる（ゴシック体にした箇所は原文ではイタリック体）。

もちろん彼女は、自分自身の問題についてだけ人々の注意を惹こうとして立候補したのではありません。多数派の人たちには見落とされてしまいがちな、さまざまな社会的少数者の権利を守ることを彼女は公約しました。

あやさんのこの運動のことを知って、**わたし自身無関心ではいられなくなり、彼女を応援するためにできるだけのことはしようと決意しました**。そこで、去る三月から二か月間、自分の時間のかなりの部分をあやさんの選挙運動への協力に充てました。選挙は四月二十七日に行なわれ、あやさんは幸運にも予想を上回る得票で当選しました。

じつを言えばわたし自身、幼いころに「自分はなぜ女の子に生まれなかったのだろう」と、つねづね思っていた身なので、性的観点からみて、どちらかといえば少数グループに属していると自覚しているのです。たぶん、あやさんに比べて程度は弱いかもしれないけれども、医学的に多かれ少なかれ性同一性障害の傾向があるのでしょう。このことが、わたしがなぜあやさんの選挙運動に無関心でいられなかったかの理由なのです。

わたしが『ホームステイの異星人』〔注：第六章で言及するイタリア児童文学書の題名〕に強い関心を抱くのも、この自分のセクシュアリティーが原因だと思っています。

さらに、わたしがその年の年頭に「ジェンダー・フリー」を表題に掲げたホームページを企画したことや、当時の状況を綴った。日本では、「ジェンダー・フリー」というテーマはごく最近になって初めてまじめな議論の対象として浮上したものであり、その拙速さのゆえに、それが何を意味するかについて、多少の混乱が起こっている。「ジェンダー・フリー」は「いかなる性的差別からも偏見からも自由であること」といちおう説明できるが、フェミニストとトランスセクシュアルとのあいだでは、受け止め方に違いがある。

フェミニストのあいだでは、あらゆる人間は本来心の面では両性具有であって、心の女らしさとか男らしさとかいうものは総じて社会の産物にほかならないという、ややステレオタイプ化した意見が、いまだに優勢だ。だから彼女らにとっては「ジェンダー・フリー」の理想とは、あらゆる児童を均《ひと》しなみに両性具有者として育てることにほかならない。それとは反対に、トランスセクシュアルの人たちは、女性の性質をもつ人間存在と男性の性質をもつ人間存在とがあること自体は肯定する。そのうえで、人はだれでも、生まれつきの身体の性別がどちらであるかに縛られずに、心の生まれつきがどちらであるかに従って、女性性を選ぶ自由と男性性を選ぶ自由を与えられなければならないと主張する。

フェミニストの見解は長年にわたり、アメリカの有名な心理学者ジョン・マネーの仮説からインスピレーションを受けてきた。マネーは、男の双子のうちの一方が、生まれてまもなく外性器に傷を負ったために姿かたちを女の子に変えて育てられた症例に言及しながら、ジェンダー・アイデンティティーは習得的なもので、人生の初期に方向づけされれば変わりうるものだと論じた。でも、その報告は虚偽だったことが一九九七年になって明るみに出た。女の子に姿を変えられた「双子の一方の子」は、新たに付与された性別に順応せず、青年期になって形成外科手術を受けて男性に戻り、女性と結婚して幸せに暮らしている、と！〔注：ジョン・コラピント著／村井智之訳『ブレンダと呼ばれた少年』（無名舎、二〇〇〇年）〕

以下に再び手紙の文章を引用する。

昨年以来、わたしはこの種の情報にたいへん興味をそそられており、わたし自身の「ジェンダー・アイデンティティー」を知ろうと努めています。探求の過程で、自分自身を『ホームステイの異星人』の主人公に近いものと理解したくなることもあります。が、それとはやっぱり違うんじゃないかとも思います。**わたしは生まれたときから心は女性だったのかもしれない、**と思うのです。で、これこそが、わたしが上川あやさんの選挙運動に深く肩入れしたくなった端的な理由だったのだと。

トランスセクシュアリズムというテーマはちょっと風変わりでありすぎて、相手かまわずにしゃべれる話ではありません。が、もし、このテーマについてのわたしの感じ方の一端だけでも共有する心の広さをもっていただけるなら、とても幸いです。

手紙を送った相手の一人は、じつは第六章で紹介する現代イタリア随一の児童文学作家ビアンカ・ピッツォルノで、『ホームステイの異星人』は彼女の有名な作品（本邦未訳）である。実名公表のうえで文通内容に言及してもよいとの許可を彼女からもらったので、実名を明らかにしておく。もう一人のペンフレンド（同じく児童文学作家）からはその許可を得ていないので、仮名でアリアンナ・ヴェントゥーラと呼んでおく。

ビアンカさんはミラノ在住、一九四二年生まれ。アリアンナさんはローマ在住、一九四〇年生まれ。二人ともイタリアでは知名度がある文化人だが、私のような無名の外国人との交流にも時間を割いてくださる。お二人どうしも親友で、じつはわたしは、ビアンカさんから教えられてアリアンナさんの存在を知ったのである。

二〇〇三年、イタリアから日本へ

このお二人からいただいたお返事のうち、六月二十四日付けのビアンカさんからのお返事のほうは、今も手許《てもと》に現物がある。アリアンナさんからのはEメールだったので現在のわたしのパソコンの受信記録にはない（訳文をプリントアウトしたものはある）。

ビアンカさんからの返事はきわめて理路整然としていて、スペースがあれば全文紹介したいところだが、要点をかいつまんで紹介する。なお、わたしにとっては親友の「ビアンカ」だが、彼女自身が「作家ビアンカ・ピッツォルノの意見」として公開してかまわないと言ってきていることに鑑み、以下では姓の「ピッツォルノ」で言及する。

ピッツォルノはサルデーニャ島で生まれ育ち、大学では古典文学と考古学を専攻。ミラノに移住してＲＡＩ（イタリア国営放送）に勤め、児童向け番組の企画などに携わった後、三十代で児童文学作家としてデビューした。一九九六年には、長年の児童文学への貢献を評価されてボローニア大学から教育学の名誉学位を授与されている。ＲＡＩ時代に培った人脈や、自著の読者との交流を大切にしてきた結果、幅広い交友関係をもっており、世の中に多様な生き方があることへの理解も深い。

手紙の中で彼女は、一九七〇年代にイタリアで戸籍の性別変更を可能とする立法のために闘ったジュゼッピーナ・ボナンノというMTFの女性の例を語り、普通の社会人として生きているトランスセクシュアルの実像を知らないまま「そういうことは堕落した、奇をてらった、精神のねじ曲がった人々に起こることだ」との偏見にとらわれていた当時のイタリア社会の実情についても教えてくれた。

ご自身は、小さいころに周囲が「女の子らしい女の子」という枠組みを押しつけてくるのに反発して「男の子になってやる」といった願望をしばしば語ったが、それは、男の子になら許すことを女の子には禁じる一九五〇年前後のイタリア社会の差別的な性別役割観への反発であって、トランスセクシュアルの場合の心と身体の乖離《かいり》という問題とは別次元のことだった、と語ってくれた。そのうえで、性についてそのような自分の場合とは異なる感じ方をする人もいることはわかっており、その自由を何よりも尊重すべきだと思う、との意見も述べてくれた。

作品『ホームステイの異星人』の中で性別役割分業にこだわる地球人を揶揄《やゆ》したピッツォルノの思想は、ジョン・マネーの「性自認の後天説」を肯定しているかのように受け止められがちだが、ご本人は、あの学説は愚かなたわごとと思えると書いてこられた。「何よりも、たったひとつの例を根拠に科学的な説を構築することはできないはずですし、それに、その「女の子」になった双子の一方というのは、たとえ事故によるにせよ、暴力的な肢体切断をされたのですから、自分自身と調和のとれた心の状態に置かれえなかったはずです」〔注五〕と。

そして、最後のほうでは、以下のようなことを書いてきてくれた。

わたしは、さまざまな事情で男の子が女の子として育てられたり、女の子が男の子として育てられた例を、多く知っています。これらの子は、大人の年齢になって欺きに気づいたときには、自分が育てられた性にとどまりたいとは思いませんでした。でも、彼らが教育によって植えつけられた、本来の生物学的性別からみると「間違った」（と人が言うところの）特性や習慣の多くはその後も保持され、それがかえって彼らを普通よりも心の開かれた、包容力のある人間にしています。

［中略］

じつのところわたしは、この問題を世間の人は実際にそうである以上に重大に考えすぎていると思います。今日、医学は整形手術、若返り、移植など多くのことを可能にしてくれています。人が自分の外見を内面に合わせたいと望むとき、いけないという理由がどこにあるでしょうか。困難の多くは彼または彼女本人から生じるのではなく、親族や仕事仲間など、身近な人々から生じるように思います。だから教育が大切なのです。男性や女性を育成する以上に、寛容でこだわりのない人間を育成する、つまり日本でいう「ジェンダー・フリー」な人間を育成するという教育が。

だから、あなたのお知り合いの上川あやさんが多くの票を得て当選したということは、とてもすてきで、大事なことだと思います。たぶん、自分自身は生まれついた性で生きて不都合がないけれども、個人の自由ということを大切に感じているという人も、たくさん彼女に投票したのだと思います。

このようにして、わたしが自分の心の性別は身体の性別とは違うと本気で思い始め、そのことを表明したとき、その訴えを正面から受け止めてくれた最初の心強い味方は、遠い外国から現われた。

〔注五〕ピッツォルノのこの手紙が書かれた一年後の二〇〇四年五月、この「双子の症例」に出てくる「女の子として育てられた男の子」（実名：デイヴィッド・ライマー）が猟銃で自殺した（同年五月四日）との不幸なニュースが世界を駆けめぐった。

課せられた宿題

アリアンナ・ヴェントゥーラからの返事は、ピッツォルノからの便りよりも早く六月九日にEメールで着信した。こちらは、最初からすんなりと性同一性障害をこの世にあってあたりまえのものと（そして「あなたもそうでしたか」と）認めてくれたのではなく、別の受け止め方もありうるのではないかと、少し懐疑的なことを書いていた。

それまでの文通でわたしの文章から受けた印象を率直に述べ、肯定的な意味で「わたしにはむしろあなたは、とても女性的な魂をもった男性、つまりユングの用語でいうところのアニマ〔注：万人の魂の中にある女性的な部分〕を多くもった男性というふうに映るのです」との評価を授けてくれ、さらに「その種の男性というのは、人間関係に強い関心を抱いていて、対話に気を配ります。確信的で行動が速い傾きがあるほかの男性に比べて、むしろ内省の能力に恵まれているものです。そのせいであなたのような人は女友達が多いものです。感情について語ることが好きだという点で共通のものがあるからです」と、詳しく解説もつけてくれた。

また、「奥さんがあってお子さんが二人という事実は、あなたの個人史の欠かせない一面を構成しているはず。それは「男性の体験（男性としての体験、男性のありように沿った体験）」であったでしょう」とも書いてあった。

さらに、自分にもアニムス〔注：万人の魂の中にある男性的な部分〕はあるけれど、だからといって性を変えたいとは思ったことはない、「男性として真に何かを体験しようと望むのならば、男の子としての幼年時代も、男の子としての教育も体験していなければならない。そうでないと、どこか「違った」ものになってしまう、そんな感じがするのです」とも書いてあった。

つまり、あなたが、生まれた身体の性別である「男性」に分類されることに甘んじたとしたところで、神がもともと「男性」にも「女性」にも賦与《ふよ》してくれている多様性の範囲内に、自分を位置づけ直して納得することは十分に可能ではありませんか、と言いたいわけだ。

その後、ピッツォルノと電話でいろいろ話し合った結果、彼女も「これからはあなたを女性形〔注：文法上の〕で受け止めることにしました」と書いてきてくれたが、最初の便りで投げかけてくれた右のような意見は、アリアンナさんがわたしに課した、いわば宿題だった。

三変数図式の拡張

三変数図式への補足を少しだけ書いておこう。

わたしのような、みずからのセクシュアリティーについて居心地の悪い気持ちを、なだめたりすかしたりしながら暮らしてきた者にとって、三変数図式の明確さがひとつの福音だったことは事実だ。が、その過度の単純さには、最初から気づかないわけではなかった。

確かに、身体（第一変数）についても、じつは厳密に言えばMとFの二値では描写できないケースが存在している。インターセックスとか性分化疾患（DSDs＝Disorders of Sex Development）と呼ばれ、発生のどこかの段階に原因があって、「典型的な男性の身体」や「典型的な女性の身体」にはならないで生まれてくる人たちだ（かつては「半陰陽」と呼ばれることが多かった）。

たとえば、性染色体が非正規な「XXY」となっていて、男性の身体で生まれ、男性の第二次性徴も起こるが、精巣の機能が不十分で、男性ホルモンの分泌量が成人後早期に低下する「クラインフェルター症候群」。

あるいは、性染色体は「ＸＹ」で男性型であり、精巣も形成されるにもかかわらず、男性ホルモン受容体が機能しないため、胎児期の身体の性分化が男性化のほうへ進まず、外性器が女性型に形成される「アンドロゲン不応症」。出生時には女性と判定され、幼児期も児童期も女の子として支障なく育つ。体の内部に留まった精巣が女性ホルモンを多く生産するため、思春期には乳房が発達したり皮下脂肪が増えたりして、女性型の身体の変化も経験する。ただし、子宮がないので生理はこない。成人以後、精密に検査して初めて先天的な不妊であることが判明することが多いが、そのことを除けば女性としての社会生活に支障はないのが普通だという。

そのほかにもたくさんの種類の性分化疾患が存在する。何らかの性分化疾患をもって生まれてくる人は人口の〇・五パーセントほどいるようだ〔注六〕。

そのような第一変数のあり方〔注七〕を踏まえて考えた場合、身体の一部である脳の形成過程に由来するといわれている第二変数（心の性、性自認）についても、中間型がありうると考えることは、むしろ自然なことだろう。ただ、性同一性障害が社会に認知され始めたときには、話を複雑にしすぎないために、シスジェンダーでなければトランスジェンダーで、心の性が身体の性と逆になる生まれ方があるということが、強調されたのだ。

そして第三変数の性的指向については、性的に惹《ひ》かれる相手が男女を問わないというバイセクシュアル（両性愛）が無視できない割合で存在することは、数ある当事者自身の告白によって広く知られている。

こうした事実に鑑《かんが》みた場合、三変数のそれぞれについてとりうる値を三値に拡張して、三×三×三＝二十七通りにセクシュアリティーを分類する図式があってもよいということになる。

〔注六〕ウェブ上に公開されているオランダ社会文化計画局編『インターセックスの状態／性分化疾患と共に生きる』（二〇一四年）の日本語訳
http://media.wix.com/ugd/0c8e2d_36b9cbb9aa864fca821ad8bf5ab35b25.pdf
の四ページおよび二二ページに、総人口約千七百万人のオランダで約八万人以上と推定した数値がある。

〔注七〕ただし、性分化疾患の当事者の大多数は「中性」、「両性具有」、「男でも女でもない性」のような呼ばれ方を不本意に感じていると、右の文書に報告されているので、性分化疾患が存在するという事実を「身体の性にも中間型がある」という表現の根拠とするのは、慎まねばならない。

第二章　わたしのイメージチェンジ作戦

まずは名前づくりから始めた

二〇〇二年の暮れからわたしは、「ジェンダー・フリー」をテーマにした自分のホームページを立ち上げて情報交換の場にしようと計画を練っていた。現在なら無料のブログを立ち上げればよいのだが、そういう道具のなかった当時、有料でホームページを作成・管理してくれる会社の人を呼んで、希望するレイアウトやコンテンツを示して商談を進めた。

ホームページは匿名《とくめい》で、本名とは縁もゆかりもない中性的な名前をハンドルネームに使って開設したが、同じころ、自分の本名の苗字《みょうじ》の下に女性名をつけた名前も今後のためにこしらえておくことにした。

まずは文芸同人誌に寄稿する際のペンネームとして使い、そのかたわら、通販会社に商品を届けてもらう際の宛名としても申告することにした。婦人物の衣料や身の回り品を購入する際に、女性として自然な名前を名乗っておけば何かと便利だからだ。発音の「アケミ」はごくありふれたものを選んだが、漢字表記はなるべくユニークにすることを心がけ、「アケミ」を「アケ」＋「エミ」と分解して「明笑《あけみ》」にした。こうして、わたしの苗字が全国で百軒もない希少な姓「三《み》土《つち》」であることとあいまって、まず同姓同名はありえないユニークな姓名ができた。

というわけで、わたしが本書の著者名としている「三土明笑」は、公刊の著書におおっぴらに使うのこそ今回が初めてだけれど、通称としての使用実績はすでに十六年ある。

わたし自身は今後とも、戸籍名まで変えるつもりはないが、ＧＩＤ当事者でいずれ戸籍上の性別も名前も変えたいと思っている人は、将来戸籍名にしたい名前を決めたら、なるべく早くから使用実績を積んでおくのがよい。手始めには、通販での注文者名として使うのがよいと思う。

服装のイメチェン作戦

同時に、二〇〇三年に入ってまもなく、これからは身なりの面でも、少しは自分の心に合った姿をしたいと思うようになった。

イメチェン作戦直前のわたし（2002年）

幸い、職業が服装についてあまり強い規制を受けずに済む大学教員であるため、職場の人事書類上「男性」として扱われていることに矛盾しない範囲内ならば、紳士服でない服を着て教壇に立っても咎《とが》められることはないと、あらかじめ予測できた。
そこで、四月の新学期からは背広にネクタイではない服装で勤務すると決めて、春休み中にその準備をした。幸い、当時すでに女性のパンツ（＝ズボン）

姿はすっかり定着していたので、婦人物だけれどボトムはパンツという服を購入するのに不便はなかった。特に、婦人物のパンツスーツというのは、もともと紳士物のスーツを模倣してデザインされた衣服だから、社会的に男性として扱われている者が着ても「ファッションとして婦人物を着こなしている」とみなしてもらえる範囲内である。

ただ、婦人物の服を着て「サマになる」シルエットを得るためには、オジサン体型のままではいけない。男性の体型というのは、もともと腰に比べてウエストがさほどくびれていない「円筒形」であるから、中年で少し油断をすると腹囲のほうが腰回りよりも大きい「リンゴ型」になってしまう。その身体にパンツを穿《は》く場合、上端を腸骨の上あたりにもってこようと、おへその高さにもってこようと、上端を人為的に引き締めないかぎり、ずり落ちてしまう。だから紳士物のパンツにはベルトが不可欠なのだ。

女性の身体は、よっぽどオバサン太りした人を別とすれば、腰幅のいちばん広がった場所（「ヒップ」のサイズを測る場所）から上、肋骨の下部に相当するウエストのくびれの位置（これ自体が、男性のくびれの位置よりも少し高いのだが）まで、上へゆくほどすぼまる体型になっている。だから、パンツの上端をどこへもってきても、そこの位置で身体の胴回りにぴたりと合った寸法になっていれば、ファスナーを閉じるだけでパンツはぴったり身体にフィットする。「紳士物のパンツはベルトで穿く。婦人物のパンツはおしりで穿く」と教えてくれた人がいた。

そのために、ダイエットが不可欠だった。二十歳前後には五九キロだったわたしの体重は、四十代でいちばん太ったときには七〇キロに達し、その後、少しダイエットを心がけて六四キロまで落としたものの、二〇〇三年の年初ごろにはまた少し太って六七、八キロになっていた。ウエストのはっきりとくびれた体型を得るためには六〇キロぐらいまでのダイエットが必要だが、一念発起したら案外これは簡単で、半年で達成できた。

婦人物のパンツは、「おしりで穿く」せいで、上端が身体のどの位置にくるかは、パンツの二股の分かれ目から上端までの距離である「股上《またがみ》」が決めている。脚部を覆《おお》う部分の長さ、すなわち「股下《またした》」は、着る人の脚の長さにきちんと対応していなければならない。スカートだと、ウエストのサイズさえ着る人の身体に合っていれば丈についてはあまり気にせずに買えるのだが、パンツはこの点が大いに違っている。そのためサイズ選びにはだいぶ苦労させられた。わたしの脚は股下八二センチないし八四センチなのだが、当時は通販でこのサイズを探すのはひと苦労だった。幸い、最近は背の高い人が増えたせいか、身長一七八センチまでの女性に合わせたサイズの既製服が開発されていて、身長一七四センチのわたしはその範囲内に収まり、苦労しないで済むようになったが……。

そしてもちろん、婦人物のパンツは着る人の股間に余計なものがついていないことを前提にデザインされているから、「竿」や「袋」がついている身体の者がそれを着ようとすれば、あらかじめインナーを工夫して、邪魔なものが邪魔にならないようにしておく必要がある。ボディスーツとかボディニッパー（ブラジャー部分のないボディスーツ）とかいうものがそのために利用できる。

少しブカブカすぎるぐらいのサイズのパンツを買えば、インナーを工夫しないでも穿けるが、それは本来のデザインからすると腰を覆う部分を少し下げたかたちで着ていることになるから、婦人服としての本来の着方ではない。そういう点で妥協をしていると、着こなしに進歩がない。

こうしたことをちゃんと心得て、いちおうサマになる着こなしができるようになるまでには一年ぐらいかかった。

髪型やヒゲの処理など

つぎは髪の話だ。

わたしの髪は、幼児期から小学生ごろまでは素直な直毛だったはずだが、中学生ぐらいから、男性ホルモンの作用なのか、古代ローマの男性の大理石像がたいていそうであるようなくせ毛になってしまった。少し伸ばすと各所で先端がハネ上がって、まとまりのつかないヘアスタイルになるので、耳を覆う程度の長髪が許容される時代になっても、あまり長くしたことはなかった。

でも、髪をあまりに短くすると、年齢が上がれば上がるほど髪に縁どられた顔の部分がやたらと「でかいツラ」に見えて、オジサン臭くなる。で、髪をある程度伸ばすことはオジサン臭さを脱するために必須と思われたが、そのままではくせ毛が繁茂するばかりでサマにならない。そこで、ある程度伸ばした段階でストレートパーマをかけることにした。

いちばん伸ばしたときには肩の線よりも下まで伸ばしたが、写真に写ったわたしの横顔を眺めるとどうもサマになっていない。ネイティブ女性のような髪のボリュームがないのに加えて、毛根から一五センチぐらい伸びると、伸び続ける髪と抜けてしまう髪とに分かれはじめ、三〇センチともなると、伸び続ける髪の割合が減っていて、伸びた髪がしっかりと束にならず、末端部は自然に梳《す》かれたような感じになってしまっているのだ。女性ホルモン摂取で髪質を改善しようとしても、あまり効きめがなかった。

だからその後、髪の長さについてはあまり欲張らないことに決め、まだボリュームが保たれている一五センチあたりで切り揃えることにした。うなじの線までの長さであり、昔の少女の「おかっぱ」の長さである。

MTFのイメチェンでいちばん大切なのはヒゲやすね毛の処理である。

当初はもっぱら小まめに剃《そ》ることでネイティブ女性に近づけていたが、二年ほどしたとき、GID当事者の交流会で脱毛専門の美容皮膚科を教えてもらい、そこに通うことにした。その美容皮膚科ではレーザー脱毛と電気針による脱毛を併用していたが、黒いヒゲについては毛根がレーザーに反応して灼《や》けるので、最初の数回レーザーをかけてもらうだけで処理はおおむね終わった。しかし白くなっているヒゲについては、レーザーに反応しないので、一本一本電気を通した針で毛根を灼くしか永久脱毛の手段はない。わたしのヒゲは五十代を迎えて半分ぐらいが白くなっていたので、それを処理するには、ひと月おきぐらいに通って三年を費やしてしまった。ところどころに残っていた黒いヒゲのとりこぼしも、同じく電気針で処理してもらった。

すね毛については幸い黒いままだったので、三回ぐらいのレーザー照射できれいにすることができた。そのほかの身体の部分、つまり膝より上や、腕、胸などについては、わたしはもともとほとんど太い毛がない状態だったので、脱毛する必要がなかった。

MTFの当事者のためのアドバイスを書いておけば、ヒゲと体毛の永久脱毛は、GIDを自覚したら、ためらわずに早いうちにやっておくのがよい。白くなってからではわたしのように電気針での処理に何十回も通わねばならなくなるのに対して、黒いうちならレーザーで三か月もあれば済むからだ。

最後に靴の話もしておこう。

わたしは、あくまで男性として勤務していることと矛盾しない範囲内でのイメチェンを目指したので、「パンストにパンプス」という明らかに女性専用のいでたちは、スカートとともに避けることにした。パンプスでも、ヒールのないフラットパンプスならば、「いかにも「女性でございます」という格好」にはならないから、履《は》いても差し支えはなかったのだが、足の甲の部分の大きく開《ひら》いた靴はなかなかサイズ選びが面倒なもので、自分にぴったり合ったサイズのものでないと、脱げてしまったり逆に足が痛くてしかたがなくなる。で、そこまでの冒険はしなかった。

しかし、女子高生が制服に合わせて履くようなローファーではあまりにもオジサンの革靴と差がなさすぎるので、せっかく婦人物のパンツスーツを着こなしているのなら、足にも少しはフェミニンな軽快な靴が履きたくなった。そこでドライビングシューズを選ぶことにして、やむをえずに「背広にネクタイ」のオジサン姿に戻るときのほかは、靴はいつもドライビングシューズで過ごすようになった。

ともあれ、イメチェン作戦を開始してから一年ぐらいで体型はほぼ安定し、その身体に合った服や靴のサイズも試行錯誤の末に割り出せた。通販で服や靴を注文するとき、自分に合うと思われるサイズをカタログから選んで注文すれば、ほぼ間違わないようになった。

男女の服飾のコンセプトの違い

そんなイメチェンの過程で、面白いことにも気づいた。

周知のように男性（の身体で生まれている人）は、女性（の身体で生まれている人）よりも、骨格が平均してがっしりしているから、かりに女性の中では比較的身長の高い人、たとえば一六五センチある人がいて、電車で隣に立っている男性と背丈だけみれば同じだという場合でも、通常、横幅は男性よりも細い。その女性が女性としては標準的で、九号サイズ（ウエスト六四センチ）のジャケットを着ているとすると、隣の男性は婦人物で言えば十九号（ウエスト七九センチ）や二十一号（ウエスト八二センチ）ぐらいのジャケットを着ていることになる。

ところが、裸に剝《む》いた場合、男性と女性の横幅にそれほどの差があるかというと、案外そうではない。婦人物のジャケットが、内ポケットなどは省略して、機能性を犠牲にしてでも女性の体形を強調するようにできているのにひきかえ、紳士物のジャケットというのは、ただでさえ太い男性の体格をわざと強調するように仕立てられている。内ポケットなどをつけて胴回りを広々と作っているのは、機能性もさることながら、「これを着ているのは男だぞ」とひと目でわかるようにという、目印的な意味もあってのことなのだ。

そこで、先ほどの「身長一六五センチの、横幅は標準的な男性」に紳士物は脱いでもらって、婦人物で彼の身体に合うぐらいの服を着せてやろうとすると、十五号（ウエスト七三センチ）なら十分着られるし、少しキチキチ感があってもよければ十三号（ウエスト七〇センチ）でもたぶん着られる、という程度になる。

だから、ＭＴＦで服装の性別移行を望む人がイメチェンを始めようと思ったら、極端なダイエットを心がけなくても、太りすぎを避けて男性の平均値ぐらいの横幅を保ったうえで、着るものを自分の身体に合うサイズの婦人服に替えるだけで、全体のシルエットはそれまでよりずっとスリムになるのだ。あとは婦人服のうち、いかに自分に合ったデザインのものを選ぶかにかかっている。女性的に見えるか否かは着こなしの上手下手で決まる部分も多いのだ。

なお、婦人物の衣服で何号と書いてあるのは、原則として、ウエスト（肋骨の下部ぐらいにあたるいちばんくびれた場所の胴回り）が何センチの人に合うかという目安として書いてあるもので、それを「ヌードサイズのウエスト」と言う。

ジャケットの場合は、肌にキチキチに着ることを前提とするなら、胴回りのいちばん細い部分がヌードサイズのウエストにほぼ合うように仕立てられているが、パンツの場合は、パンツの上端をぐるっと巻き尺で測ってみると、表示されているウエストよりもかなり太い。というのは、女性が、パンツを、その上端がたとえば腸骨の上端ぐらいに来るように穿《は》く場合、そこの胴回りの寸法に合わせてパンツの上端の寸法がこしらえてあるからだ。その寸法はヌードサイズのウエストを測る場所よりもだいぶ下の腰の部分の胴回りに対応しているから、ヌードサイズのウエストよりもだいぶ長いのである。それを「仕上がり寸法のウエスト」と言う。

紳士服の場合、男性の身体が「ずん胴」であることに鑑みて、ヌードサイズのウエストという概念そのものが存在しない。だから、男性のパンツでウエストといえば、パンツの上端のベルトを締める位置の胴回りをぐるっと巻き尺で測った寸法以外に考えられない。その寸法はスリムな男性用のものでも八〇センチぐらいある。一見すると、男性と女性のウエストはそんなに違うのかと思えるが、実際はそんなに違わない。女性で九号（ヌードサイズのウエストが六四センチ）の人向けに仕立てられているパンツも、仕立て寸法のウエストは七五センチぐらいはあるからである。

ともあれ、婦人服を着てみてあらためて感じるのはその軽快さだ。身体のどれだけの部分を覆うかという効果においては同じ程度のものが、紳士服であるというだけで重たくなり、婦人服であるというだけで軽くなる。目安として、とりあえず婦人服は紳士服の半分の重さと考えておけばよい。物によっては三分の一にも四分の一にもなる。

こういう、体格の差異を誇張するような服装の差異というのは、どこまでが性自認になじむという意味での自然な差異であり、どこからが文化的・歴史的な事情に由来するものなのか、にわかには判断しがたい。が、「自分はＦＴＭかどうかはわからないがもって生まれた身体に若干の違和感がある」という女性（の身体で生まれた人）と話していたとき、「メンズのパンツや靴を履くようになって、「これが自分の求めていたものだ」と、しっくりなじむものを感じた」と言っていた。本来的にそれぞれの性の心になじむからあのような差異をつけたデザインになっているという面もあると思う（わたし自身、婦人服の軽快さになじんだあとでは、紳士服はよっぽどのとき以外着られなくなった）。

精神科カウンセリングにも通い始めてみた

わたしがＧＩＤを自覚し始めた二〇〇二年、ＧＩＤへの医療的介入の話にもいちおうの関心はもって学んではみたが、自分がそういう医療のクライアントになろうとまでは思っていなかった。オジサン化する鏡の中の自分の姿に辟易《へきえき》して、イメチェンして暮らしたいと思えば、服装や髪形などで工夫できることはいろいろあって、そのための創意工夫は別に医療のお世話にならなくてもできることだからだ。

ただ、前にも述べたように、二〇〇三年の年初にある法学者に「ＧＩＤ専門の精神科医である

B先生のクリニックでカウンセリングを受けてみたら？」と勧められ、精神科クリニックに顔を出すことになった。

ＧＩＤ医療の第一段階とされている精神科カウンセリングは当時から健康保険の適用があって、費用負担は少なくて済んだ。初診の際、五歳のときから自分の身体への違和感があったという話を聞いてもらって、それでは今後二週間に一度いらっしゃいと言われたが、それと同時に「将来、女性ホルモンの摂取などに進む希望はありますか？」と尋ねられた。その時点では、いきなりそういうことを尋ねられることにむしろ驚いた。身体に手を入れるような医療を希望するかどうかは、そのときのわたしにとって、まったく未決定だったし、それはこのクリニックで「確かに性同一性障害です」との診断が下ったらその時点で考えるべき課題だろうと思っていたからだ。

日本精神神経学会が定めたＧＩＤ治療のガイドラインでは、第一段階で、主治医となった精神科医がしっかりカウンセリングをし、もう一名の精神科医のセカンドオピニオンも得て、「確かにＧＩＤだ」との診断が下ったら、第二段階であるホルモン投与や第三段階であるＳＲＳへと進むことができるとされていた。まずは本人が感じている心と身体との食い違いについて、精神科的にはっきり「ＧＩＤだ」と言えるかどうかの判定を受けることからすべてが始まるはずであった。

初診のその時点でも、すでに「イメチェン作戦を開始したい」との希望はかなりはっきりともっていたわたしであるが、自分を「医学上もＧＩＤだ」と言ってよいのかどうかについては、自信がなかった。だから、「客観的な診断」を下してもらえると幸いと思ったのである。

その結果、もし「ＧＩＤだ」との診断が下っても、身体に手を入れないイメチェン作戦だけで踏みとどまっておこうと考える自由は、当然わたしにはあるはずだ。「ＧＩＤである」との診断は、選べる選択肢の範囲を広げるということに過ぎないはずで、どういう選択肢を選ぶかは、「診断」が下った時点で家族とも話し合って決めればよいはずだ。それが「診断」なのだろうと思っていた。

しかし、ＧＩＤ医療での精神科の「診断」というのは、どうもそういうものではないようだということに、わたしは、しばらく後に気づくことになる。

「そう診断してほしい」という気持ちの強さが「診断」の根拠となる

一般の病気というものは、癌にせよ心臓病にせよ、「あなたはその疾患に罹《かか》ってはいません」との「診断」を受けたらクライアントはほっと胸をなでおろして「よかった」と安心して帰るものであるのに対して、性同一性障害というのは逆に肯定されてクライアントが喜ぶものなのだ。

しかもその「診断」は、血液検査とか脳の画像解析とかの客観的なデータにもとづいて判定が下るものではない。本人が自分の気持ちをどのように訴えるかが診断のいちばんの目安なのである。

これを評して「自己申告病」と言っている人があるが、第一段階の精神科カウンセリングに通おうと決心した段階で、クライアントは通常すでに「自分は性同一性障害なのだ」との内的な確信を抱いているもので、診断はもともと患者が抱いているこの内的確信に「お墨つき」を与えるものとして下される。で、その内的確信の根拠は？

「自分はもって生まれた身体に違和感を覚えており、ぜひそれを変えて反対の性の身体へと近づけたいと、切に望んでいる」ということが、最大の根拠なのだ。

つまり「身体を変えたいと思っている」→「だから性同一性障害と診断される」→「診断が下ったから、身体を変える治療が許される」となって、話は出発点に戻って完結する。

かつて同性愛が精神医学上の「疾患」と考えられていたころ、それに対する「治療」として「そのような病んだ心を矯正する」という考え方があった。「適切な精神医学的介入によってそれは可能なはずだ」と考えられていた。そういう時代はもう過ぎた（日本精神神経学会は一九九五年に「同性愛はいかなる意味においても治療の対象とはならない」と宣言している）〔注一〕。

それなら、同性愛が「疾患」でなくなった後、かえってむしろ堂々と「疾患」としてとらえられ続けてきたGIDは、かつての同性愛に対する「治療」に類する「治療（＝心の矯正）」を要すると考えられていたがゆえにそうなっていたのかというと、そんなことはない。

「性的指向」が「治療（＝矯正）」の対象ではなくなったのと同様、「性自認」も、それ自体を「治療（＝矯正）」の対象とする（しうる）という考え方は、現代の精神医学にはない。

「この人の性自認は、確かに生まれた身体の性別と逆になっていて、本人はそのことで苦しんでいる」と「診断」されれば、その「苦痛」を減らす手段として身体の外観をなるべく自認の性別のものに近づけることが、「治療」として医療倫理上も許されるという考え方が基本なのだ（つまり、「心を修正する」のではなく「身体を修正する」）。しかし、その「苦痛」の程度はどうやって測るのか。本人の申告によって測るのだ。本人が「身体を変えたい」と思うほどに苦しんでいるのなら「身体を変えるに値するぐらいの疾患」なのである。それを「性同一性障害」と呼んでいるのだ。

客観的にどうであるかよりも、「言った者勝ち」みたいに思われるのである。

しかも、その第一段階の精神科カウンセリングの結論としての診断書は、どういう条件のもとに出るかというと、「結婚している場合は、配偶者の同意があること」というのが条件となっている。

わたしは初診時から数回にわたって、自分史や、自分が現時点で社会生活上指定されている性別についてどのような違和感を覚えているかなどを陳述し、それなりに「身体の性別と心に食い違いがあって苦しんでいる」との心証はB医師にもってもらえたように思った。だが半年もすると、あとは同じことをくりかえすしかないマンネリになってしまった。「いつ診断を下していただけるのですか？」と尋ねると、「それは奥さんが同席して、納得して、賛同した時点で」との答えが返ってくる。

しかし、わたしがB医師のもとへ通うこと自体を不愉快に思うようになったらしいつれあいに、そんな「同席」を求めることは無理だった。このことは、残念ながら、時が経てば経つほどはっきりしてきてしまった。

〔注一〕同性愛に対する医学の理解や医療制度の対応がどのように変遷してきたかについては、康純編著『性別に違和感がある子どもたち』（合同出版、二〇一七年）五五～五八ページに略述されている。

家族へのカムアウトが生んでしまった心の溝

じつはわたしは、B医師のクリニックに初診で出頭したその日のうちに、つれあいには「自分は性同一性障害かもしれないと思って、これこれこういうカウンセリングを受けることにした」と、正直にカムアウトしていた。つれあいは、そういう話をあまりに真面目に受け止めるのは当面自分の力に余ると考えたのか、ちょっと茶化し気味な受け答えをした。「ほんまにそんなことあるんかいな?」、「シュウヘイちゃんはいつからシュウ子ちゃんになったんや?」、「そういう医者は、本物かどうか、わたしが一緒について行って品定めしてやる!」などと。

が、それに続けて、「あなたのことをこれまで、話の通じないへんな人だと思ってはいたけれど、そういう悩みが裏にあってのことだったのなら、今後はそれを家族で分かち合って話し合っていくことで、本当の家族になれるね」というような「ものわかりのいい」ことをも言った。わたしは、差し障りのない範囲でイメチェンはしてみるつもりだということも話した。

だが、その翌日だったか、二、三日後だったか、当時下宿をしていた大学生の息子が帰ってきたとき、その話題を出したら、明らかにMTM（シスジェンダーの男性のことをかりにこう呼んでおく）である息子には、そういう話はまったくわからなかったらしくて、「父親がオカマだなんてバレたら、大変だ。ぼくの就職に差し障る」などと言い出した。その発言を聞いたら、つれあいのほうもすっかりそちらの味方になってしまった。

「女の格好はしませんと、はっきり誓え！」と言ったり、「たとえそんな気持ちがあったとしても、今後十年は隠せ！」と言ったり、「対話」ではなく、一方的な「要求」をつきつけて「呑ませよう」という態度に出てきた。

この時点で初めて知ったが、例の三変数図式などは、わたしのような当事者が読んでこそ打てば響くように心に入るけれども、普通の「シスジェンダー（性別違和感なし）、ヘテロセクシュアル（異性愛）」の人には、すんなりわかるものではなかったようだ。

わたしは、「性同一性障害というのは、まじめな精神医学の対象として学問的にもちゃんと議論されているものだ。その疾患に自分が該当するかどうかを、精神科のクリニックでちゃんと判断してもらおうと思って診療を受けると言っているのに、それを「オカマ」だの何だのいう差別用語でしか受け止めないような者には、学費を出してやるのをやめる！」と、かなり激高してしまった。

つれあいがそれを止めに入って、「これまでちゃんとお父さんだと思っていた人に、そんな話を急にされて、この子が納得するわけがないでしょう!」というようなことを叫んだ。

今にして考えると、つれあいが最初の日に言った「そういう医者は、本物かどうか、わたしが一緒に行って品定めしてやる!」という言葉に対して、「ああ、ぜひそうしてほしい」とだけ答えて、あとは余計なことは言わずにおき、二週間後につれあいにも「B医師とはどんな人か」をせめて一度だけでも自分の目で見て確かめてもらっていれば、よかったと思う。そうしておけば、その後も「あのB医師が、今日はこんなことを言ったよ」などと機会をみてはざっくばらんに話すことができ、わたしが診療を受けたくなった動機についても、多少の理解を引き出すことはできたかもしれない。そうなるより前に、つれあいにすでに「B医師」なるものへの嫌悪感を抱かせてしまったのは、失敗だった。

リアル・ライフ・エクスペリエンス

この問題については、家庭内では話そうとすればするほど反発を招くばかりなので、私はしばらくして、話す気持ちもなくなってしまった。ただ、自分自身に納得のいくイメチェン作戦だけは続けて、自分はこういう姿で生きることが心に合う、そういう人間だったのだ、ということを実地に示すことで慣れてもらう以外にはないと思うようになった。

ところで、GIDの精神科カウンセリングでは、「確かにGIDです」との「診断」を下すにあたっては、配偶者の同意もさることながら、「リアル・ライフ・エクスペリエンス（略称RLE＝Real Life Experience)」と言って、クライアントが「望む性別」の外見での実生活をしてみて、確かにこのほうが心になじむという気持ちになるかどうかが、診断のための資料として重視されている。

わたしは、そういう診断基準があろうとなかろうとイメチェン作戦そのものは開始するつもりでいたが、期せずしてそのイメチェンが診療の資料としても役立ててもらえることを知ったことにより、イメチェンを目指す情熱を後押しされることになった。

前にも書いたように、その年の四月から中性的なレディースファッションで通勤し、教壇に立つようになったわたしは、夏休みにはもう、ときどき「あっ、女性と間違えてましたよ」などと人から言われるようになっていた。アリアンナさんには、その夏の写真を五年前の写真と一緒に手紙に同封し、「ごらんのとおりのイメチェンした今の姿のほうが、昔の姿よりもわたしの心にはなじむのです」と書いておいた。彼女がだんだんわたしの「ジェンダー・アイデンティティー」を承認してくれるようになったのは、そのときからだ。

だが、つれあいのほうはそうではなかった。

結局、それから一年以上イメチェンに磨きをかけ、「これこのとおり、こういう服装がわたしはとても心になじみます」とB医師に向かって言い続けることで、B医師の心証はよくしたと自分では思ったが、話は結局そこまでだった。

はたして「科学としての医学」がテーマだったのだろうか？

「配偶者の同意がなければ「第二段階へ進んでよい」という「お墨つき」としての診断書は出せない」という点については、わたしも甘受するにやぶさかではない。しかし、それならばせめて「科学的に判断した診断結果はこうです。ただし、治療の第二段階へ進むためには配偶者の同意が必要であり、この診断書をもって配偶者の同意に替えることはできません」という留保つきの診断書でも出してもらえないかとわたしは考えた。が、Ｂ医師は「奥さんが同席して納得したならば」という条件をくりかえすだけだった。

わたしが当初期待していたのは、こんな診療ではなかった。「この当人は性同一性障害です」という結論をもつ診断書であっても、逆に「性同一性障害ではありません」という結論をもつ診断書であってもよいから、カウンセリングでわたしが話した多くのことを整理し、いくつかの論点を項目として立て、「この点については、本人を性同一性障害と診断するに足る事実が観察された」とか、「この点については、むしろ否定的に解しうる事実が観察された」とか「科学的」に記述し、それらを総合して診断を導くような、せめてＡ４判の紙一枚（できれば二枚）をびっしり文字で埋め尽くすぐらいの内容のある、「診療の報告書」がほしかったのである。

そういうものを資料として示すことができれば、わたしが家族とあらためて話し合うための材料ともなろう、と考えていたのだ。家族も「確かに科学としての医学の立場からは、そう判定されるんだね」と了解したうえで、「でもＳＲＳなどは、やめてほしい」とか何とか、自分の意見を言うことができるだろう、とも考えていたのだ。しかし、ＧＩＤの精神科カウンセリングにそれを期待することは、もともと無理だったようだ。そこではもともと「科学としての医学」が主たるテーマではなかったのだ。ホルモン療法やＳＲＳを合法化するための（具体的には、人の生殖機能を故なく奪う医療行為を禁止する「母体保護法二十八条」に違反しないとの釈明を提供するための）社会的手続きが主たるテーマだったのだ。

結局、五年間通ったけれども、これといった進展はなかったため、カウンセリングに医療費を費やすことはバカバカしくなって、やめた。

「里山に勝手に立ち入る他所者」

わたしが自分をＧＩＤではないかと考えてカムアウトしたことで、家族のあいだにギクシャクした関係ができてしまったことについて、言い訳がましいことは、書けば書くほど醜くなるに決まっている。

当然のことながら、男性の身体で生まれた人間が、男性としての結婚もしておきながら、途中から「心は女かもしれない」などと言い出せば、配偶者からは不可解な言動であるばかりか、手前勝手な言いぐさのようにも思われるのだ。

「わたしたちのような本物の、生まれたときから女である者が、女としての生きがいと抱き合わせで、いやというほど背負わされている煩労や辛苦を、実体験もしたことのない者が、「女」などという呼称を気安く僭称《せんしょう》してほしくない。そんなのって、わたし一人にはとどまらない「女」一般に対する侮辱だ」というのが、端的な気持ちだと思う。

「気安く僭称すること」への不快感は、譬《たと》えて言えば、「里山に勝手に立ち入る他所者《よそ》」に対する不快感だ。

昔話によく出てくる「お爺さんは山に柴刈りに……」という場合の「山」は、「ここの里山の資源はここの村落の住民ならだれでも利用してよい」という入会権《いりあいけん》が設定されていたような「山」である。入会権は、その里山のことを知り尽くしていて、どの程度の利用が適切かを心得ている直近の集落の住民に与えるからこそ、妥当性がある。他所者が立ち入って、好きな分量だけ下枝をかっさらってゆくことを認めれば、山林資源のバランスが破壊されるから、入会権者でない者の立ち入りは厳に戒められねばならない。

「女」という村落に属する入会地に、そこの資源保護に一度も協力したことのない他所者が村民を装って侵入し、おいしい部分だけつまみ食いしようというのなら、それは一種の「フリーライダー（ただ乗り）」で、本来の権利者からみれば迷惑な行為だ。既婚者なのにMTFだと言い出した夫がつれあいから抱かれるイメージは、たぶんこういうものなのだ。

厳しい現実だが、それに文句を言っても始まらない。

わが家の場合、結局のところ、わたしが最初に自己申告的に主張した「性同一性障害」という疾患名そのものが、何かの思い込みにすぎないと、つれあいからは推測されるようになってしまった。何か別の精神疾患をもっているがゆえに、そういう「手前勝手なことを押し通そうという態度」をとるのだろう、というわけだ。

いろんな情報をあさったあげく、最初は「あなたはアスペルガー症候群だから、そういう思い込みを抱くようになったのよ！」としきりに決めつけてくるようになり、それを数年続けたあとは、「あなたは境界性人格障害だから……」と、代入する病名だけ変えて、同じことをくりかえすようになった。

女性ホルモン摂取を希望するようになった

わたしのぼやき話は、ここまでにしておく。

何と言ったところで、つれあいに「このおいしいとこどりの他所者が……」という感想を抱かせてしまったことはまぎれもない事実だし、しかも、B医師のクリニックへの「奥さんの同席」とやらの条件はクリアできないまま、しびれを切らして先へ進んでしまったのは事実なのだから、弁明の余地はないのだ。

さて、背信行為の話はさらに続く。

およそ自分をMTFだと自覚した人は、少しでも男くさい身体から脱したくて、SRSまでは希望しないまでも、とりあえず女性ホルモンの投与は受けたいと思うことが多い。精神科のB医師が初診のときにいきなりそれについてのわたしの意向を尋ねたのは、最初からそれについてのゴーサインを出してもらうことを目的としてB医師のもとを訪れる人が多いからだろう。

わたし自身は、いきなりそういう意向を尋ねられるのは「早すぎる」と思ったわけだが、半年、一年と経って、B医師に自分史や今の気持ちを聴き取ってもらって、「この人はGIDである」との心証は十分にもってもらえたと思うのに、話がその先へ少しも進展しないので、むしろ自分のほうから、つぎのステップを希望するようになっていた。

男性の身体で生まれた者が女性ホルモンの投与を受けると、女性ホルモン自体の効果によって内臓脂肪よりも皮下脂肪が増えたり、乳房が張り出したりするとともに、精巣の男性ホルモン分泌力が落ちることを通じても、いろいろな変化が生じる。身体に女性ホルモンが男性の基準値を超えて流れ始めると、それをセンサーが感知して「じゃあ、男性ホルモンのほうは要《い》らないんだね」という信号を出すのか、精巣が「怠け」始めて、男性ホルモンの分泌量を落とし、精子の生産量も落とし、精巣自体も縮小する。

皮脂の分泌量が女性並みに下がり、肌がきめ細かくなる。髪質も細くてしなやかなものへの変化が期待できる。今さらセックスでもない年齢にすでに達していたわたしは、男性性欲などというわずらわしいものからは解放されたいとかねてから思っていたが、その目的も達成される。副作用として、赤血球数やヘモグロビン値が落ちて、男性としてはやや貧血の状態になることや、血栓症のリスクが高まることが挙げられるが、投与量を適量にとどめておけば、そうしたリスクも最小限にコントロールできる。

……というわけで、女性ホルモンの摂取へ踏み出してみようかと、一年経った時点で考え始めたが、日本精神神経学会が定めたＧＩＤ治療のガイドラインに沿ったルートで女性ホルモンの投与を受けられるのは、例の「診断書」を得てでなければならない。しかし、その「診断書」なるものは、科学としての医学の立場からの判定というより、母体保護法二十八条違反という嫌疑を受けずに医療行為を行なえるための「お墨つき」のようなものだと、だんだんわかってきたわたしは、必ずしもそれに縛られる必要もないと思い始めていた。

「フライング」によるホルモン摂取

現に、そういう「診断書」が出ない段階でも自己判断でホルモン摂取をしている当事者は多くいるもので、それを「フライング」と言う。

「フライング」で女性ホルモンの摂取をする道は、美容外科のような自由診療の医療施設で注射を受ける道と、個人輸入で錠剤を服用する道と、同じく個人輸入で貼付剤《ちょうふざい》を購入して肌に貼《は》る道とがある。これらのうち錠剤は吸収過程で肝臓に負担をかけるので、自己判断で服用するのは危ない。注射は費用がかかる。安全性も高くて費用もかさまないのは貼付剤である。国内の薬局では売られていないが、個人輸入ならたやすく手に入る。

そんなわけで、わたしが貼付剤を個人輸入で購入して恐る恐る肌に貼り始めてみたのは、イメチェン作戦開始後一年経った二〇〇四年四月のことだった。

こんなことは読者にはけっしてお勧めできないが、ともかく半年もすると男性性欲は皆無となり、「ああ、せいせいした」という気持ちになった。精巣そのもののサイズが減り、少し肥大気味だった前立腺も逆に縮小した。

「フライング」は奨励されるべきことではないが、精神科カウンセリングの場では、正直に申告すれば「叱られる」ことではない。ただ、三か月に一度ぐらいＧＩＤ専門の泌尿器科へ行って血液検査をして、安全性を確かめながらやりなさいと、勧告を受けるだけである。

ＧＩＤ学会の中心的メンバーでＢ医師とも密接な交流のある有名な泌尿器科医Ｃ医師のクリニックは、わたしの家からはずいぶん遠いし、待ち時間が長いことでも有名だが、身体の安全のためには時間と交通費を惜しんではいられないから、わたしは定期的にそこに通うようにした。そして、遊離テストステロンの値が「順調に」落ちてきている一方、危険と思えるような副作用は出ていないので、今後とも今ぐらいの貼付剤の使用は続けてよいでしょうとのアドバイスを受け

イメチェン後のわたし（2005年）

て、ひと安心しながら貼付を続けた。

もっとも、男性の身体で生まれた者が成人後に女性ホルモンを摂取しても、骨格はもう出来上がっているから変えられないし、ヒゲや体毛も、いったん太くなった毛根が子ども時代の産毛のような細さに戻ることはないから、ネイティブ女性なみにしたかったら、ホルモンとは別に脱毛処理が必要だ。喉ぼとけは出たままで、声帯が思春期に成長した長さより短くなることはないので、声変わり前の高い声に戻ることもない。別途ボイストレーニングを受けないと、女性的な声は出せない。

それらのことは重々承知のうえで女性ホルモン摂取をしたつもりだが、それ以外の面でも、わたしのように五十歳を過ぎてからホルモン摂取に踏み切った場合には、三十歳以下ぐらいで踏み切った人と比べ、かりに同じ量のホルモンを摂取したとしても得られる効果はだいぶ劣るらしいということが、だんだんわかってきた。

実際、男性性欲がなくなったこと、乳房が若干のふくらみを得たこと、皮脂の分泌量が明らかに減ったことを除けば、肌の美白効果や髪質の柔軟化などの面では、若い人が報告しているような変化はほとんど得られなかった。それらの面でももう少し目にみえる変化が得られないかと欲張ると、摂取量を増やしたくなる。だが、摂取量を増やしすぎた結果が、後に述べるような副作用につながったのではないかと自覚し、あわてて摂取量を減らすこともあった。

後に知ったところによると、本気で身体の性別移行を果たし切る決心もついていないまま、ただ「男くささを消したい」とか「前立腺肥大を防ぐ効果もあるなら、それはメリットだから」とかの理由で中途半端に女性ホルモンを摂取し、気分しだいで増やしたり減らしたりしていると、精巣の機能低下による男性ホルモン値の低下が起こる一方で、それをうまく補う安定的な女性ホルモン値の上昇が得られない。その結果、身体に男性ホルモンも女性ホルモンも足りていない状態が現出され、よくない結果が起こりがちだとのことだ。

ホルモン療法の進め方については複数の意見がある

そもそもＭＴＦに対してホルモン療法を適用する場合、どういう手順を踏むのがいいかについては、二つの対立する考え方がある。

女性ホルモン投与によって自然に精巣の男性ホルモン分泌力を弱めていくと、体内のホルモンバランスが男性ホルモン優位から女性ホルモン優位へと徐々に切り替わるため、後にＳＲＳに際して精巣を摘出しても、すでに大半の機能を失っている精巣を摘出することになり、ＳＲＳ時にホルモンバランスが急激に変化することは起こらずに済むから、それがいちばんいいのだという考え方が一方にある。

しかし反対の意見もあり、女性ホルモン投与を始めた段階ですでに男性ホルモン値が下がっているほうが、拮抗《きっこう》するホルモンがないぶんだけ、少量の女性ホルモンで得られる効果が大きく、投与量を少なく済ませることができ、副作用を極小化できるというのだ。この学説によれば、治療の初期に精巣を摘出してしまって、一気に男性ホルモン値を下げてしまうほうが、ホルモンバランスの急変という一見危険そうな時期を経るにもかかわらず、全体としては患者のためにいいというのだ。

こうした学説の併存をみてもわかるように、ＭＴＦの性別移行にあたってホルモンバランスをどのように推移させてゆくのが最適かについては、いまだに決定的な見解はなく、ガイドラインに沿っている場合ですら、ホルモン投与を受ける当事者は、自分が実験台になるぐらいの覚悟がないとこの種の医療には臨めない。

性ホルモンと骨密度との複雑な関係

ＭＴＦの女性ホルモン摂取が骨密度に与える影響については、話はかなり複雑になってくる。

ＦＴＭの場合、男性ホルモン摂取が筋肉を増強するかわりに骨密度低下をもたらしやすいことはよく知られている。これは、人為的に投与された男性ホルモンが卵巣の女性ホルモン分泌量を低下させること――ＭＴＦの場合の精巣機能低下と対をなす現象――を通じて、女性ホルモンのもつ骨密度維持・増強機能を妨げるからだと言われている。女性ホルモンがそれ自体としては骨密度を保つために有益であることは、女性の閉経後の骨密度が下がることからも推測できるが、そのメカニズムは、骨の新陳代謝をつかさどる「骨芽細胞」と「破骨細胞」という二種の細胞に女性ホルモンが与える影響によって、科学的に説明できるそうだ。

じつは男性においても、この「女性ホルモンの骨密度維持・増強機能」は働いており、その役目を果たす女性ホルモンは、体内で男性ホルモンから変化して生成されているという。だから、男性ホルモンの分泌が盛んな青年期・壮年期の男性は、骨密度が高く維持できるのだそうだ。そして、精巣の男性ホルモン分泌力は、卵巣の女性ホルモン分泌力のように五十歳前後で急に落ちるのではなく、壮年期から老年期にかけてなだらかに減衰するから、体内で男性ホルモンから変化して生成される女性ホルモンの量もまた、なだらかに減少し、女性の閉経後のような急な落ち込みはない。そのことが、女性に比べて男性のほうが老年でも骨粗鬆症《こつそしょうしょう》になりにくい理由の、いちおうの説明になる。

もっとも、この「女性ホルモンの骨密度維持・増強機能」だけが性ホルモンの骨密度に与える影響のすべてであるのなら、ＭＴＦが女性ホルモンを摂取して身体の女性化を図る場合、医師の処方に従った「適量」の女性ホルモンを身体に入れているかぎり、男性ホルモンから変化して体内で生成される女性ホルモンは減るかわりに、体外から入れる女性ホルモンはそれを埋め合わせて余りあるだろうから、骨密度にネガティブな影響はない……となりそうだ。

しかし、事はそれほど単純ではないらしい。男性（の身体で生まれた人）の男性ホルモンが骨密度に与える影響は、体内でそれが女性ホルモンに変化するという間接的経路のほかに、男性ホルモンのままで骨密度の維持・増強に寄与する直接的経路もあるとの仮説が、東京大学医学部整形外科の河野博隆の研究によってマウスで実証された（『日経メディカル』のデジタル・アーカイブにあるhttps://medical.nikkeibp.co.jp/inc/all/hotnews/archives/271174.html）。

研究論文は二〇〇三年八月に英文の学術雑誌*Proceedings of the National Academy of Sciences*に発表されて、世界的な注目を集めたとのことで、信頼に値する情報だ。マウスで実証されたかぎりでは、男性ホルモンの骨密度維持・増強への貢献度の内訳は、間接的経路での貢献度と直接的経路での貢献度がほぼ一対一だったとも書いてある。

いずれにせよ、「骨芽細胞」と「破骨細胞」の活動への影響を通じて、性ホルモンが骨密度に強く関与していることは疑いのないところで、このテーマについては整形外科領域の研究は泌尿器科（あるいは内分泌科）領域の研究とタイアップして進められねばならないだろう。専門家のあいだでは当然そのような連携プレーは進んでいるものと思われる。

わたしが、フライングで女性ホルモン剤貼付を始めてから三年後の二〇〇七年の春に、泌尿器科のC医師から「骨密度のほうも一度測っておきなさい」と勧められたのは、C医師もこの研究のことを知っていたからだと思われる。

そのときの測定結果は、同年齢の男性の平均値よりは若干低いものの、基準値の範囲には十分に入っており、整形外科医からは「今のところは大丈夫ですが、将来、骨粗鬆を防ぐための何らかの治療が必要になる可能性はありますので、心得ておいてください」と言われた。測定結果はもちろん、次にC医師の診察を受けに行った際に手渡した。このようなデータを多くの受診者について集めることで、C医師を含む研究者グループの研究が進むらしい。

そのときのわたしは、「FTMの場合、男性ホルモン摂取が骨密度を低下させる心配があるのは本当だろうが、MTFの場合の女性ホルモン摂取については、そういう心配はないだろうに……」と思っていた。だが、『日経メディカル』に報じられたとおり、男性（の身体で生まれた人）の男性ホルモンが骨密度の維持・増強に貢献する経路には間接的経路のほかに直接的経路もあって、貢献度の内訳はほぼ一対一だとすると、男性の身体で生まれたMTFが、性ホルモンを人為的に女性ホルモンへ切り替えていった場合、男性時代の間接的経路に相当するぶんは保たれるけれど、直接的経路は損なわれる結果、骨密度への性ホルモンの貢献は約半分に落ちるとみなければならない。

だから、ガイドラインに沿った診療をしている医師によって、そのときどきのクライアントの状態をつぶさに診察したうえで出される処方量をきちんと守って、順調な性ホルモンの入れ替えをしていったとしても、身体の性別移行にともなう骨密度低下は、MTFの場合にもある程度は覚悟しておかねばならないことになる。ましてや、わたしのようにフライングをして、「適量」がわからないままお手盛りで試行錯誤をくりかえしていると、精巣の機能低下による男性ホルモン値の低下が起こる一方で、それをうまく埋め合わせる安定的な女性ホルモン値の上昇が得られない。その結果、身体に男性ホルモンも女性ホルモンも足りていない状態が現出され、右記のことに輪をかけて骨密度へのネガティブな影響を受ける危険があると言えるのだ。

思わぬ伏兵は「過活動膀胱」

男性の身体で生まれている者が女性ホルモンを摂取し続けた場合、どういう作用と副作用があるかは、まだ完全に解明されているわけではない。乳房がふくらむことや、筋肉よりも皮下脂肪が相対的に増えることとかは、ネイティブ女性が思春期に女性ホルモンの分泌量増加にともなって経験するのに準じて、程度は弱いものの、ほぼ同じ機序で起こるようだが、そのほかのことはそんなに詳しくはわかっていない。

わたしの場合、貼付剤の使用開始から一年半ぐらいで自覚するようになったのは、尿意の我慢がしにくくなったことだ。女性ホルモン摂取との因果関係は当初はわからなかったが、同じGID仲間に尋ねてみると、同様だとする人があったので、どうやら因果関係がありそうだと思えてきた。この頻尿《ひんにょう》は「過活動膀胱」と呼ばれることがわかった。膀胱に尿が溜まると、限度容量よりはずっと少ない段階で、急に膀胱が縮もうとして、尿意を我慢できなくなるというものだ。

貼付剤使用開始から三年ぐらいになると、この傾向がますます顕著になってきた。しかも、通常の過活動膀胱治療薬では効き目が得られない。貼付剤の量を減らして調整したが、なかなかうまくいかないため、とうとう貼付開始から四年で、いったん貼付剤の使用を中断せざるをえなくなった。その後も、少しだけ貼付剤使用を復活させるたびに頻尿も戻ってくるので、女性ホルモン摂取は長続きせず、貼付剤を使ったりやめたりをくりかえした。

二〇一一年の秋になって、いっそのこと精巣摘出を受けてしまえば、女性ホルモンを積極的に使わなくても脂ぎった男くささはなくせて、身体の中性化は得られると思って、次章に述べる「うつ病」が小康状態だったチャンスをとらえて、思い切って精巣摘出手術をとある美容外科のクリニックで受けた。後にSRSまで進むかどうかは未決定のままだったが。

もともと年齢的に筋力が低下する時期を迎えていたわたしなのだから、精巣摘出で男性ホルモンを極度に失えば、筋力面での不利は避けられなかった。そして、女性ホルモン貼付剤を積極的には使わなかったにもかかわらず、その後もたびたび頻尿には襲われた。とりわけ、男性ホルモンを喪失したまま、性ホルモン面での医療的介入は受けずにいた二〇一六年の約四か月のうつ病での入院期間の最後のころなど、夕食後、就寝時までに四回もトイレに行くありさまで、外泊中も二時間の映画が最後まで鑑賞できなかった。

結局、退院後、男性更年期障害の「LOH症候群（加齢男性性腺機能低下症候群）」という診断名のもと、保険適用で泌尿器科に男性ホルモン補充注射をしてもらうことで頻尿が著しく改善するという体験をしたので、過活動膀胱の主たる原因は、女性ホルモンそのものの副作用というよりは、それによって引き起こされた男性ホルモン分泌量の低下にあったように思われる。

また、二〇一五秋に骨密度を測ってもらったら、同年齢男性の平均値の八割ぐらいにまで低下していたので、男性ホルモンも女性ホルモンもともに少ない全般的な性ホルモン不足状態の続いたことが、骨密度には悪影響を及ぼしたとみられる。その後、二〇一六年秋の退院後から、男性ホルモンの補充を受ける状態下で骨密度はようやく横ばい状態になった。かくなるうえは『日経メディカル』に載っていた「直接的経路」による男性ホルモンの骨密度維持・増強機能にすがるしかないと観念している。

そういうわけで、二〇一七年十月の性別適合手術は、精巣摘出後にむしろ男性ホルモンを注射で定期的に補充される状態下で受けたわけだ。普通なら、精巣摘出で男性ホルモン値を下げたあと、女性ホルモンでますます乳腺や皮下脂肪などを女性化したうえでSRSに臨むわけだから、わたしの場合、形成外科的な身体加工の方向とホルモンバランスとがいわば「ねじれ」関係になってしまったわけだが、健康維持のためならば、これはやむをえないと考えている。

実際、この年齢になって遊離テストステロン値を同年代の男性の基準値の範囲に入るぐらいまで高めてもらったところで、脱毛したヒゲがあらためて生え直したりすることはなく、また、いったん女性ホルモンでふくらんだ胸の張りは維持されるから、肌に少し脂っぽさが戻ってしまうことさえ我慢すれば、さほど不快なことはない。もともと五歳のときからのわたしにとって、自分の生まれつきの身体のうちでいちばん気に入らない点は、男女の違いがいちばん端的に現われる「股間」が心に沿わない「男の子のかたち」になっていたことなのだから、そこを心に沿うかたちに変えてもらいさえすれば、あとの少々のことには目をつぶってもいいわけだ。さらに言うなら、SRSを受けた際、同時に精巣摘出を受ける人が体験するような術前・術後でのホルモンバランスの変化ということは、わたしにかぎっては無関係だということがわかっていたから、手術は純然たる「カタチを変える」手術に過ぎなくて、その点は最初から安心だった。

以上のわたしの例は、五十代以降になって女性ホルモン摂取をした特殊事情にもかなり依存しているだろうから、あまり一般化できる話ではない。いちおう、わたしの場合はこうだったという報告として書かせていただいた。若い人の場合は、もっと別の展開があっておかしくないだろうと思う。

精巣摘出後（2012年）

第三章　「うつ病」の十年を越えて

うつ病の発症と重症化

さて、わたしのSRSまでの道を語るには、十年続いた「うつ病地獄」の話もしないわけにはいかない。

「うつ病」は不眠症をともなうことが多いのだが、わたしの場合、東京に引っ越してきた二〇〇〇年以降、ときどき夜通し寝つかれず、眠ろうとあせるほど心臓がパクパクして、そのまま朝を迎えることがあった。それは一過性で、眠れなかった夜のつぎの晩は、前日の時間を補うかのように早々と健康な眠気がめぐってきて、支障なく眠れるのが普通だった。

というわけで、特に生活に困るというわけではないものの、三か月に一度ぐらいはそういう困った夜があるというのが、二〇〇〇年代前半の状態だった。

その三か月間隔が、やがて二か月間隔ぐらいになり、「どうもこのごろ変に眠れない夜が襲ってくることが多くなったなあ」と感じたのは二〇〇五年ごろのことだった。わたしがイメチェン作戦を開始してから二年、女性ホルモン貼付剤を使うようになってから一年だったが、それでも心は元気で、原稿書きなどはせっせと生産的にこなしていたものだ。

が、二〇〇六年の夏の半ば過ぎになってから、眠れぬ夜が二日、三日と続くようになり、それと同時に不安感が襲ってくるようになった。九月になって近所の精神科のクリニックに診てもらったところ、「不安障害」との診断名で、ベンゾジアゼピン系の抗不安剤「ワイパックス」を処方された。

それがこじれて、薬を飲んでも根本的には改善されないまま続き、二〇〇七年に入ると、何につけても物事が悲観的に見えて、また、心の空が雲で覆われたような晴れ晴れとしない気持ちが常時続くようになってきた。何をするにも「腰が重い」億劫《おっくう》感も、しきりに自覚するようになった。その時点で診断名が「うつ病」となり、引き続き抗不安剤を処方され続けるとともに、ときには気分を引き上げる効果があるとされる「ドグマチール」をも処方されるようになった。

うつが始まったころ（2006年）

何が原因だったのか？
もともとわたしがこの年齢（男性更年期）にさしかかったときに、加齢が原因で罹《かか》るべくして罹ったものなのか、それとも、女性ホルモンを人為的に身体に入れたことと何らかの因果関係があって出てきた症状であったのか。それは、人生を二度試すことができない以上、厳密にはわからない。ただ、過活動膀胱による頻尿が生じてきたのも同じころだったことを思うと、女性ホルモンそのものの副作用か、あるいは男性ホルモンが減ったことの作用か、どちらかがこの「うつ病」の引き金になった可能性はあるように思う。

前章の終わりにも書いたように、わたしは過活動膀胱に襲われたことがきっかけで女性ホルモン剤の貼付は四年でいったん中断せざるをえなくなったのだが、それと同じころ、「うつ」も本格的になってきていた。二〇〇八年の六月ごろからは、「こんなに憂うつと不安が続くのなら、人生もういやだ。死んでしまいたい」という「希死念慮」が出るようになり、「いのちの電話」に頼って、つらい心境を聴いてもらったりもした。

その年の夏には、抗不安剤に加えて本格的な抗うつ剤である「ルボックス」を処方されたり、加えて睡眠導入剤も処方してもらわないと眠れなくなったりと、症状は典型的な「うつ病」へと推移してきた。それでも、その年のうちは、副作用の強かった「ルボックス」は止めてもらったり、いちおう眠れるようになったので睡眠導入剤は除いてもらったり、なるべく薬を使わない方向で治療する方針で対応してもらえる段階だった。

いよいよきつくなってきたのは二〇〇九年で、四月から本格的に抗うつ剤「ジェイゾロフト」を処方され、夏には再び睡眠導入剤も処方され、以後、抗うつ剤や睡眠導入剤との縁が切れなくなってしまった。その秋からは抗うつ剤を新薬だった「リフレックス」へと切り替えられて、実験患者みたいに扱われたりもしたが、効いた感じはいっこうにしなかった。そんな中で、ベンゾジアゼピン系の抗不安剤は一貫して処方され続けていた。

二〇一〇年の春には、クリニックから紹介状を書いてもらって、神奈川県立精神医療センター芹香《きんこう》病院のストレスケア病棟にひと月入院し、後半には「経頭蓋《けいとうがい》磁気刺激法」の研究患者にもなったが、効いた感じはせず、むしろ、安静な入院生活から一転して退院後に新学期の仕事が始まる中で、症状は増悪してしまった。何とかならないかとのあせりから、あちこち霊感術師のようなところを渡り歩いて大金をドブに捨てるようなことをしたのも、その四月のことだった。

その後しばらく、出会った霊感術師の中で多少はまともと思える人のところに定期的に通って、腹式呼吸による瞑想《めいそう》の指導を受けたりもしたが、多少の落ち着きは得られるものの、心が軽やかになることはなかった。

二〇一一年の二月から、自主的に医者替えをして、漢方薬中心のマイルドな投薬をするというクリニックに通うことにした。「デジレル」という弱い抗うつ剤を使って眠気をもよおさせ、危険な睡眠導入剤はなるべく使わないようにするというその治療方針が、一時的に効を奏したこともあった。しかし抗不安剤を除くことはできず、不安と憂うつをかかえながらダラダラと薬に頼る生活はいっこうに改善しなかった。

こうした期間にも、それなりに著述活動をしたり、大学の授業の方針をいろいろ改善してみたりとか、本業における努力は続けていたのだが、心に重く雲がのしかかったような状態でそういうことを続けるのは、かなりの苦痛でもあった。新しい処方を示されるたびに、「今度こそ、この雲の下から抜け出せるか」と期待を寄せては失望に終わることのくりかえしで、先のみえないトンネルの中を歩まされている感じだった。

精巣摘出手術を受けたのは、この「うつ病」が少しだけ小康状態にあった二〇一一年十月のことだったが、それと「うつ病」の症状推移とのあいだにどういう関係があったかは、今でもわからない。

こんなふうにして一進一退のまま、つねに「希死念慮」をかかえて数年を過ごしたわたしが、最後の望みの綱と思って、いまいちど医者替えを図ったのは二〇一五の四月のこと。そのとき処方された「サインバルタ」という抗うつ剤が一時的に劇的効果を発揮して、服薬開始からわずか二日で抑うつ感がとれ、まるで久方ぶりに晴れた空を仰ぐような状態になった。

が、これは「抗うつ剤による躁転《そうてん》」と呼ばれる現象だった。精神状態が罹患前《りかんまえ》の平常な状態へ戻ったのではなく、「うつ」から「躁」へと反対側に針が振れただけのことで、長続きはしないものだった。躁転状態で何事にも積極的になれる日々が七十日ぐらい続いたあと、息切れがしてきて、反対の「うつ転」が起こってしまった。エネルギーを使い果たしたといった感じだった。

この段階に至って、たとえ薬剤によって誘発されたものであっても、躁状態が出現するということは、病気そのものが生粋の「うつ病」ではなく「双極性障害」、細かくいえば「双極Ⅱ型障害」なのだと判定され直したが、「うつ転」以後は、それ以前にも増して「うつ（双極Ⅱ型障害のうつ局面）」の重度な状態へと症状が推移してしまった。

「うつ病地獄」のどん底へ

　この二〇一五年度の後半期、体力も極度に落ちてきて、前年三月の定年の後も細々と続けていた大学での非常勤の授業もできなくなり、とうとう十二月上旬には学期中途でのリタイアを表明せざるをえなくなった。同じころ、腰痛を主訴に訪れた近所の整形外科クリニックの医師からは「サルコペニア（加齢性筋肉減弱症）」だと言われるし、わたしがその検査に付随してみずから希望して骨密度を測ってもらったところ、これも低下していることが判明した。しかし、物理療法的なリハビリにしか関心のないその整形外科医は、わたしが性ホルモンと骨密度との関係について尋ねると、「整形外科でお門違いなことを訊《き》くな！」と言わんばかりにわたしを突き放した。

　それとあい前後して、ウェブ上の情報源から「ベンゾジアゼピン系薬剤の長期使用が依存症を引き起こし、深刻な早老現象をもたらす」との悲観的な話が舞い込み、自分の状態と照らし合わせて「まさにこれだ」と思ったところから、わたしは一気に絶望的な境地へと突き落とされた。

　実際、心因性の要素もあったかもしれないとはいえ、客観的に身体のあちこちに不都合な現象が起こったのも事実だった。

　そして、あの決定的な日に至るまでの九か月ぐらいについては、記憶のはっきりしないところもある。

二〇一五年の十月以降、「うつ状態」による疲労感と脱力感が極度に強くなってゆき、前からあった「希死念慮」も常習化して、「どうやったら「逝ける」か?」が頭から離れなくなった。

大学での非常勤の働き口も失ったわたしは、年金以外の収入を失うと同時に自分名義の財産を管理する意欲も失ってしまった。それを潮時と、つれあいが一切合財を管理すると言い出し、気がついたら、月々自分の自由になるお金はほんのわずかに縮んでいた。

二〇一六年三月、ある日、近所の高層マンションの十三階まで立ち入って、共用通路の窓じきいに腰かけて、片脚をぶらぶら外に揺らしているところを、お掃除のおばさんに見咎《みとが》められ、管理人にもみつかり、事情聴取を受けたことがあった。

その前だったかあとだったかさだかでないが、突然新横浜駅からあてもなく新幹線に乗り、岡山駅に着いてから、これまた行きあたりばったりでJR予讃線に乗り、松山の東のほうにある、「自殺防止ネットワーク風」に参加しているとある和尚《おしょう》のお寺に転がり込んで、ひと晩泊めてもらったこともあった。

そのときを例外として、家からごく近所以外には外出することもできなくなってしまった。足の裏が日に日に薄くなって（と、少なくとも主観的には感じて）、骨が直接に地面を踏んでいるような感触に見舞われ、散歩さえできなくなるのは時間の問題のように思えた。要介護認定をとりたいと家族に話したら、猛反対された。介護保険を使おうと思えば、ケアマネージャーから逆に「これこれの範囲まではご家族の力でできるでしょう」と、保険適用にならない範囲を確定されてしまうのだから、家族の生活がむしろ犠牲にされるというのだ。そして、いくつかの病院に自発的に、あるいは家族に連れられて赴《おもむ》き、検査を受け、少なくとも肉体は介護を要するほどの病気にはなっていないと宣告されて帰されることをくりかえした。「これですっきりしたでしょ」と家族に言われたが、わたしとしては、無理解者が周囲にまた一人増えたとしか思えなかった。

二〇一六年の春から初夏は、そんなふうにしながら、「もう自分は長くない。要介護の認定もとれそうもないから、願うのはできるだけ楽に死ねること……」と、毎日毎日思って過ごしていた。

医療保護入院

そしてついに、やってしまったのだ。

七月九日（土曜日）。家族の一人が家を出て下宿することになり、荷物運びに協力するために家人も同行するから、午前九時ごろから夕方まで、家にはだれもいない。ならば今日がチャンス！……と思って、縄を高いところにかけてみたけれど、いざ、輪っかを首に結んで椅子を蹴って……となると「勇気」が湧かず、モタモタしているうちに、縄を懸けた金具が負荷に耐えずに外れてしまい、失敗。

しかたがないから、もういちど、近所のマンションの警備が手薄なところをねらって高層階まで立ち入ってみようかと、近所をぶらついた。梅雨が明けていないで、小雨が降っていた。で、ひとつのマンションの七階まで上ってみたけれど、これも「勇気」が出なくて、失敗。

家に戻ってから、文芸評論家の江藤淳が（一九九九年に）やった「失血死」がいちばん楽そうだと思い直した。お風呂にお湯を張り、その中に下着だけで浸かり、右手に持ったカッターナイフで、左手の手首を切りつけ、かさぶたができないように、傷口を水面下に保っていれば、やがては出血多量になって、意識が遠のいて、家族が帰ってくるころには、「すでにこと切れていましたとさ」……となれるんじゃないかと、思ったのだ。

が、これも甘かった。失血死できるぐらいまで徹底的に深く切る「勇気」がなかったのだ。中途半端に切って、浴槽が真っ赤になるぐらいまではいったが、一時間ぐらい過ぎても、いっこうに意識は遠のかない。

「もう万策尽きた」と思うと同時に、命が惜しい気分も戻ってきてしまい、浴槽から出て、捨て置いた携帯電話をとりにゆき、みずから救急車を呼んでしまった。時間ははっきり記憶していないが、正午を少しまわったころぐらいだっただろうか。

「リストカットをしてしまいました」——と言うと、救急隊員は手慣れたもの。わたしの住所と名前を問い、「すぐに行きますから、お宅の玄関まで出ていてください」。それから救急車が来るまで五分あまりだっただろうか。携帯を右手にもったまま、左手は胸の高さに保っていたが、ボタボタと血がしたたり、玄関のタイル張りの三和土《たたき》に大皿一枚分ぐらいの血の池ができた。到着した救急隊員は、応急処置の大きな白い布をわたしの左手に巻きつけたうえで、わたし自身に家の鍵をとってきて戸締りする作業をやらせ、そののち、すぐに救急車に収容。

その隊員はすでに何らかの情報機器によって、受け入れ可能な最寄りの救急病院を調べ、やりとりしてOKをとっていたようで、発進準備完了と同時に運転手に向かって「行き先は自衛隊中央病院」と告げた。

救急車がわが家の前に到着してから、発進準備が五分ぐらい、自衛隊中央病院への搬入が終わるまでが十分ぐらい。結局、自分で一一九番を呼び出してから二十分あまりの後には、すでに病院の救急処置室に入っていた。

車が発進した直後、「ご家族に連絡をとりますから、携帯電話を貸してください」と言われ、「家族の携帯電話番号は、アドレス帳に〇〇という名前で入っています」と答えながらも、「今日はうちの家族は、昼間は用事で忙しくしていますから、呼び出さないほうがいいと思いますが……」などと、ひとごとみたいにのんきに言っていたわたしだった。

が、傷口を十針縫う緊急手術が終わったころ、つまり一時間後ぐらいだろうか、家族が病院に現れた。「ほんと、お世話になりまして……」とか言いながら、入ってきた。

「外科的処置は終わりましたが、このあと、必ず精神科のほうへ、出頭してくださいよ」とか言われて、ようやく解放され、タクシーで家まで家族に連れ帰られたのは、午後三時ぐらいだったろうか。

その晩、食事をしたのか、翌日は食事を摂ったのかなど、まったく記憶がない。ただ、急患に対応する当番の精神科病院が近くになくて、もし緊急入院するとすれば、北のほうにずいぶん行ったところの病院しかないとのことだったので、家族に連れられて、タクシーでそこまで行き、担当医と面談したけれども、結局緊急入院はやめて帰ってきたことを、記憶している。

翌日は日曜日で、参議院議員選挙の投票日だったが、選挙当日なのに選挙のニュースに何らの関心も抱かずに過ごしたのは、成人して以来初めてだった。

そして週明けの七月十一日（月曜日）、近所のかかりつけ医から紹介状を書いてもらって、家族に付き添われてタクシーでとある大病院の精神科へと出頭したところ、ただちに「医療保護入院」とされてしまった。病室には外から鍵がかけられていた。病室内のシャワー室兼トイレにも鍵がかかっていた。トイレに行きたくなるたびにナースコールを押して、わざわざ開けてもらわなければならなかった。

人間として「落ちるところまで落ちた」感じがした。

生還までの三か月と三週間

あとからわかったところによると、わたしのような「要監視患者」は、なるべくナースステーションから四六時中の監視が効く位置の部屋に入れるそうで、実際、ナースステーションからいつも見張られていたのだった。

なぜ自分がこういう境遇に置かれなければならないのか、わかっているような、わかっていないような、夢の中を漂っているような感じだった。

参議院議員選挙の結果も知らず、小池百合子知事が選ばれた東京都知事選挙なんてあったことさえ知らず、七月二十六日に神奈川県相模原市の障害者施設「津久井やまゆり園」で起こった前代未聞の大量殺人事件のことも、あとから知った。

というわけで、八月九日に「任意入院」に切り替えてもらうまで、ちょうどひと月、浦島太郎になったような生活が続いた。窓の外に毎日毎日変わり映えもなくみえる、門前薬局がずらりと並んだ景色が、梅雨明けとともにギラギラと明るくなったのだけが、目につく変化だった。

結局、その病院で試行錯誤的にさまざまな投薬を受けたあげく、抗うつ剤よりも「双極性障害」をターゲットにした気分安定剤へと徐々に投薬をシフトしてもらい、八月半ばには病棟内で散歩も許されるぐらいの改善が得られた。しかしまだ自殺企図のおそれがあるということで、うつ病治療の中ではいちばん侵襲性《しんしゅうせい》のある治療法である「修正電気けいれん療法」を、八月下旬から九月中旬にかけて合計七回受けることになった（本人と家族の同意のもとに、である）。この療法は人格の統一性を一時的に破壊するような危うい面もある療法だったのだが、「背に腹は代えられない」との理由で受けることになったのだ。

これによって、「ふーっ」と息が吐き出されるように、「うつ」の気が身体から抜けていったような感じとなった。最初に「不安障害」と診断されて抗不安剤の投与を受け始めた二〇〇六年九月から数えて、ちょうど十年だった。入院中の唯一の外部との通信手段は携帯電話（ガラ携）の携帯メールだけだったが、九月下旬以降は、アドレス帳にあった何人かの知人と活発にメールをやりとりして、「病院のご飯は薄味でまずいです」とか、「お見舞いをもってきてくださるのならぜひドライフルーツ類をお願いします」とか、楽しく甘えられるぐらいになった。

「うつ病地獄の十年」というべき日々に、ようやく転機が訪れようとしていた。

「修正電気けいれん療法」の終わった九月中旬から三度にわたって外泊許可が出て一時帰宅を許された。病院食になかったざるそばを自分で工夫してむさぼるように食べたり、当時話題になっていたアニメ映画『君の名は。』を映画館まで鑑賞に行ったりして、久しぶりに「娑婆《しゃば》」の自由を味わった。その一時帰宅を慣らし運転のようにして、日常生活に支障がないと判定されたうえで、ようやく退院が決まったのが十月下旬。そしてちょうど切りのいい十月三十一日が退院日となった。七月十一日から数えて三か月と三週間だった。

人生長く生きていると、親戚や同窓生や職場の同僚の中から自殺者が出る事件には何件か遭遇するものだが、わたしの周囲も同様である。そのうち少なくとも三件は、明らかに「うつ病」が引き金だった。「双極性障害のうつ局面」をも含めれば、「たぶん……」と推測できる例はもっと多い。知人ではないが、三十五歳のときにたまたまわたしが遺品の第一発見者になった縁で知ってしまった某岬《ぼうみさき》での投身・入水自殺事件も、その後に得た情報から判断すると、本人はたぶん

「うつ病」に罹《かか》っていたのだと思う。

そんな縁があって、歴史の古い「いのちの電話」をはじめとして、前述の和尚が参加している仏教系の「自殺防止ネットワーク風」など、自殺防止事業というものには人並み以上に関心をもってきたわたしだった。が、「死ぬほど気落ちした人でも、励ましの言葉ひとつで立ち直れるかもしれない」などと安易に考えていたのは、今から思えば無神経な思い上がりだった。自分自身が当事者になって初めて知る「死にたくて、死にたくて、どうにもならない」心の状態というものがあったのだ。

「嗜好の問題には口出ししませんが……」

十一月になった。

自宅療養になっても、わたしの「うつ病」あらため「双極Ⅱ型障害」が「完治」したわけではなく、あくまで「寛解《かんかい》」であるから、気分安定剤を中心とした薬は規則的に飲んで、最初は二週間に一度、安定してからは四週間に一度ずつ、通院せよということになった。

入院前の九か月ぐらいのあいだ感じていた極度の脱力感と、「食道が日に日に細くなって、食物の嚥下《えんげ》もままならなくなってきた」とか、「肛門括約筋がバカになって、締りも悪いと同時に開きも悪くなり、自力での排便が困難になってきた」とかの「深刻な危機」(入院中も、半ば過ぎまではこの感じがあった）は、医師の言うところによると大部分が心因性のもので、「コタール症候群」という名もついているとのことだった。だが、少なくとも遊離テストステロンの値が落ちていることは客観的事実なのだから、その面での身体的手当は、精神科とは別に受けたいと考えた。

退院前から、外泊中に久々に触る自宅のパソコンを使って、それのできるクリニックを探していた。折よく、以前に頻尿の件などでお世話になったことのある泌尿器科クリニックが、新たに「LOH症候群（加齢男性性腺機能低下症候群）」をターゲットとして、保険診療で男性ホルモン注射「エナルモンデポー」による治療を近年採用し始めたという情報が入った。幸いそのクリニックは、同じ泌尿器科でもわたしの家からさほど遠くはなかった。そこの院長のことはD医師と呼んでおこう。

退院早々、わたしはそこに顔を出すことにした。

そのD医師は、「エナルモンデポー」を使うことから推察できるように性ホルモンのことに詳しいのは確かだが、GID学会とは何の縁もないらしい。だから、この医師の前で余計なことは言わぬに越したことはないとわたしは思い、自分の心理面の話は一切語らないことにしておいた。

わたしはとりあえず「五年前に、もうセックスするような年齢でもなくなったので、精巣摘出を受けてしまったんですが……。昔から、普通の男性より宦官《かんがん》のほうが長生きだったとかいう話もありますし……」と、精巣摘出の動機はもっぱら健康上のメリットを目指してだったかのように、話を簡略化して切り出した。

そして、「……でも、最近、筋力の低下など、男性更年期障害みたいな症状が強くなりましたので、逆に男性ホルモン値を高めたほうがいいかなと、思い直しまして」と言って、そのクリニックのセールスポイントである「LOH症候群のホルモン治療」を受ける意思があることを伝えたのだ。

さっそく遊離テストステロン値測定のための採血をされて、また数日後に来いと言われ、再診に訪れた。「当然ながら、落ちていますねえ。LOH症候群の領域に完全に入っています」との判定を受け、エナルモンデポーの注射をさっそく一本打ってもらったわけだ。

そのときD医師は、やや要《い》らずもがなのことを付け加えて言った。まず、「(精巣摘出したからといって)女性になれているわけではありません」(ひょっとしてわたしを「やや妄想じみた女性への変身願望をもつ男性」とでもみているのか?)。それから、「しこうの問題は……」と言いかけてわざわざ「テイスト(taste)の問題は」と言い直し、「人それぞれにいろいろありますから、ご自由であって、口出ししませんが」。

要するにわたしのことを、ひと昔前ならば「性倒錯者」とか「変態性欲のもち主」とか決めつけられて「矯正」の対象にされたかもしれないような「嗜好」をもっている人間と理解したうえで、「近年では、医者はそのような『嗜好』の問題には口出ししないことになっており、私もその原則に従いますから」と暗示することによって、「理解ある医師である」ことをアピールしようとしているみたいだった。

ちなみにその日のわたしは、メンズの服を着て髪も短髪にしていた。性同一性障害を暗示するような雰囲気は漂わせていないはずであった。にもかかわらずD医師が要らずもがなのことを言ったのは、以前にわたしが頻尿の件で同じクリニックを受診した際に、（パンツルックだが）フェミニンないでたちで行ったことや、「前立腺肥大防止やハゲ防止のためと思って」女性ホルモンの貼付剤を使用したことがあると、チラッと漏らしたことを記憶していたからかもしれない。

が、この「理解」には、正直言ってちょっと「ムッ」ときた。わたしのことを「女装趣味かなんかが嵩《こう》じたあげく、身体にも手を入れたくなって、精巣摘出まで受けてしまった男性」というふうに理解したうえで、「身体面からみると、要らずもがなのことをしていることになるが、趣味は人それぞれだから、趣味についてはわたしは口出ししない。ただ、それによって男性更年期障害を起こしていて、それが困るというのなら、身体的な治療のサービスは提供しますよ」という程度のスタンスなのだ。

だが、ここで異議を唱えても詮《せん》もないことなので、わたしは何も言わず、D医師の示した今後の治療方針である「定期的にエナルモンデポーの注射を受けに通うこと」をありがたく受け入れることにした。

内心では、こう言いたかったのだけれども。

「あのー、性同一性障害について記述した書き物の中にしばしば「性的しこう」という言葉が出てくるのを先生はご存じなわけですか。それは、漢字では「指向」と書くのであって、先生のおっしゃる「テイスト」という英語を訳した「嗜好」のことではないんですが〔注二〕、よもやこの二つの同音異義語を混同なさってはいないでしょうね？」

まあ、世間一般のＧＩＤに対する理解というのは、この程度のものだ。例の「女の真似をしたがる男」とか、「女っぽいしぐさや服装の好きな男」、とか「女になりたがる男」とかいう、どこから水を注いでも漏斗《ろうと》の孔を通って「男」と名のついた同じペットボトルに流れ込む思考なのだ。

〔注二〕 日本の精神医学者が日本語で文章を書く場合に、「性的指向（sexual orientation）」の誤記としてではなく、確信犯的に「性的嗜好」という言葉を使う場合もあるが、それは、英語文献では「sexual preference」と書かれている語の日本語訳としてである。「sexual taste」という精神医学上の専門用語は、わたしの知るかぎりでは、存在しない。

恐怖の「イソゾール」体験を思い出しながら

それはともかくとして、精神科から処方され続けた気分安定剤と、Ｄ医師のクリニックで定期的に打ってもらう男性ホルモン補充注射との相乗効果があってか、二〇一七年の一月ごろには、心にも身体にも元気が戻ってきた。

退院後しばらくは本など手にとることができず、もっぱらパソコンの前で、ウェブ上の動画として投稿されている知的な講座を視聴するぐらいが関の山だった。以前に「「宗教と社会」学会」でお会いして以来存じ上げているプロテスタント牧師で同志社大学神学部教授の小原克博《こはらかつひろ》さんの大学での講義の録画など、キリスト教的な動画をよく視聴していた。

「修正電気けいれん療法」では、先にも書いたように、一時的に人格の統一性を破壊されたような状態が生じる。治療の前後で意識がつながらないという記憶喪失状態が生じるのだ。まるで、「異星人によるアブダクション（拉致）に遭《あ》って、記憶を失わせるチップを脳に埋め込まれて、地球上の見知らぬ土地へ放置された」ような、何とも不快な状態になるのだ。あれを思い出すと、もしかして「死」というものが、あれに類する状況へと吸い寄せられてゆくことなのだとしたら……と、あらためて背筋が寒くなり、「死」にどう向き合うかをおろそかにできない気持ちになった。

「修正電気けいれん療法」では、患者を全身麻酔で眠らせ、麻酔剤のほかに筋弛緩剤《きんしかんざい》を投与して、電気ショックで身体が跳ね上がったりするのを抑えておいたうえで、脳に電流を流す。別名「通電療法」とも言う。筋弛緩剤を投与しておかなければ身体の跳ね上がりで骨折さえしかねないような、強い電流を流すという。しかしそれはごく短時間であり、麻酔も一〇分程度で醒める短時間型の麻酔剤を使っているのだそうだ。

にもかかわらず、その麻酔がえらく長い時間続いたかのように思えたのは、麻酔が醒めたあとに「いつ醒めたのか」も自覚できない心の状態に置かれるからだ。気がついたら、わけのわからない事情で、わけのわからない場所に放置されている自分をみいだし、寝かされているのが病院のベッドの上である関係で、「どこかの病院の中らしい」ということがかろうじてわかるという状態なのだ。やがて一時間あまりかけて徐々に記憶が戻ってきて、自分は「うつ病」あらため「双極Ⅱ型障害」との診断で〇〇病院に入院させられている患者だったのであり、「修正電気けいれん療法」を受けるために、腕に点滴の針を刺されてストレッチャーに乗せられ、病院の廊下を長々と運ばれたあげく、頭上に無影灯が蜂の巣のようにたくさんついている異様な場所である手術室に運び込まれたのだ、ということを思い出す。さらに、主治医が、手術室での準備万端が整ったことを確認したうえで、麻酔剤の名「イソゾール」を口にすると、急速に意識の混濁が起こって、十秒ぐらいで前後不覚になった、ということを思い出す。このとき初めて、術前・術後の記憶がつながり、自分という人格の統一性が回復するのだ。

初回は、それで記憶が戻って「ああよかった」と思っただけだったが、回を重ねるにつれ、術後一時間半ぐらいにわたって人格の統一性を奪われたような状態が続くということがあらかじめわかっているせいで、「修正電気けいれん療法」を受けさせられること自体が、だんだんいやな予感をともなうものとなってきた。要するにあの「イソゾール」という声を合図に、わたしはブラックホールに吸い込まれるわけだ。麻酔からの覚醒後、長い時間をかけて人格の統一性が回復したときに、初めてブラックホールの中を通り抜けてホワイトホールから元の宇宙に出た感じがするのだ。

もし、永遠にホワイトホールまで達することはないのなら、「自分」という存在はいったいどこへ行ったことになるのか？

「自分が存在しているかぎり死は存在せず、死が存在するとき（すでに）自分は存在しないのだから、（自分が死を感じることはありえず）、死は自分にとって何事でもない」とかいうエピクロスの警句があるが、腑《ふ》に落ちたようで腑に落ちない、妙に人を不安にさせる理屈である。

もし本当に「わたし」というものが「死」によって完全なる「無」へと解消するのなら、「わたし」というものは最初からこの世にあってもなくても、同じだったことになる。そうすると、今現在「わたし」が生きていること自体、「大いなる無意味」としか言いようがない。その「無意味」を生き続けたあげくにあるのが、一切を呑み尽くすブラックホールだと考えることに、少なくとも「わたし」の心は耐えられない。

古来各種の宗教は、ブラックホールの向こう側にも何かがあると教えることで、この「耐えられなさ」に答えてきた。で、かりに何かがあることは本当だと信じてみるとする。しかしその、ブラックホールの向こうに存続するのは、過去とのつながりは断絶した、「なぜ自分がこうしてここにいるのか」という理由がまったくつかめない「アブダクション状態での自分」だけであるというのなら、そこにあるものは、ただただ不快な「戸惑い」以外ではありえない。

……こんなことを考えるようになると、それまで東洋的な輪廻転生《りんねてんしょう》観でいちおうの安心立命《あんじんりゅうみょう》を得たかのように思っていた自分は、まだまだ思慮が浅かったと思えるようになり、キリスト教の説くところの「永遠の生命」とはどういう意味なのかを、もっと謙虚に学んでみたいという気持ちになってきたのだ。

キリスト教会に足を運んだ

わたしとキリスト教との縁は、小学校四年のときからのものだ。とあるカトリックの女子修道院のアイルランド人修道女のところに英語の初歩を習いに行って、しょっぱなから「父と子と聖霊のみ名によって、アーメン」の英語版を教えてもらった。以来、何かにつけキリスト教とはかかわりをもってきた。

「うつ病地獄」の真っただ中にあった二〇一三年秋に、ある教会（カトリック）での勉強会に参加して、以後二年にわたって、もしかしたら洗礼を受けてもいいかなとの気持ちで通い続けていた。それは、霊感術師の道場のような場所で腹式呼吸による瞑想を教えてもらって、藁《わら》にも縋《すが》る思いでいたのに、結局その霊感術師もそこいらの新宗教の教祖の同類でしかなかったという幻滅の末、逃げ出してきたその足で、駆け込む先としてキリスト教会を選んだからだ。

プロテスタントに対して別に偏見はもっていないが、いざという緊急時になると自然にカトリックのほうへ足が向くのは、キリスト教と最初に縁をもった場所がカトリックの修道院だったという「原体験」の影響だろう（もうひとつ、イタリア文化への関心が高いことが、わたしをカトリック寄りにする大きな要因になっている)。

しかし、そのときの求道《きゅうどう》は、受洗に至れないまま挫折した。二〇一五年の秋、うつ病の重症化によって、教会まで足を運ぶのもままならなくなったからだ。

二〇一六年の十一月、文字どおりの「命拾い」をして娑婆に戻ってきたわたしは、命を授かり直したからには、今度こそキリスト教の勉強をきちんとやり遂げようと思い立った。以前に行っていた教会は電車で行かねばならなかったので、徒歩や自転車でも行ける範囲のカトリック教会へ行くことにし、信徒がやっている「キリスト教入門講座」に出席させてもらい、一から学び直すことにした。

主任司祭も「LGBT」のことは気にかけていた

ちなみにこの入退院を挟《はさ》んだ一年あまり、わたしは髪を短髪にしてメンズの服を着ていた。「うつ病（あるいは双極Ⅱ型障害）」が重症化して極度の脱力感に襲われたとき、着こなしに工夫を要するレディースの服を着ること自体が負担になってきて、どんなにズボラにしていても、男性の身体で生まれた者ならばただ穿《は》いたり羽織ったりするだけで着られるメンズの服に戻してしまったのだ。大学の嘱託《しょくたく》教授（非常勤）の地位を投げ出さざるをえなくなったのと同じころのことだ。髪も洗髪さえ面倒になり、短くしてしまった。性同一性障害（性別違和）を自覚した二〇

お買い上げいただいた書籍のタイトル

本書のご感想及び、今後お読みになりたいテーマがありましたらお書きください。

本書をお買い上げになった動機（複数回答可）

1. 新聞・雑誌広告（　　　　　　　　）　2. 書評（　　　　　）
3. 人に勧められて　4. SNS　5. 小社HP　6. 小社DM
7. 実物を書店で見て　8. テーマに興味　9. 著者に興味
10. タイトルに興味　11. 資料として
12. その他（　　　　　　　　　　　　　　　　　）

ご記入いただいたご感想は「読者のご意見」として、新聞等の広告媒体や小社Twitter 等に匿名でご紹介させていただく場合がございます。
※不可の場合のみ「いいえ」に○を付けてください。　　　いいえ

小社書籍のご注文について（本を新たにご注文される場合のみ）

●下記の電話や FAX、小社 HP でご注文を承ります。なお、お近くの書店でも取り寄せることが可能です。

TEL：03-3221-1321　FAX：03-3262-5906
http://www.gendaishokan.co.jp/

ご協力ありがとうございました。
なお、ご記入いただいたデータは小社からのご案内やプレゼントをお送りする以外には絶対に使用いたしません。

郵 便 は が き

お手数ですが
切手をお貼り
ください。

１０２－００７２
東京都千代田区飯田橋３－２－５
㈱ 現 代 書 館
「読者通信」係 行

ご購入ありがとうございました。この「読者通信」は
今後の刊行計画の参考とさせていただきたく存じます。

ご購入書店・Web サイト			
	書店	都道府県	市区町村
お名前《ふりがな》			
〒 ご住所			
TEL			
Eメールアドレス			
ご購読の新聞・雑誌等			特になし
よくご覧になる Web サイト			特になし

上記をすべてご記入いただいた読者の方に、毎月抽選で
５名の方に図書券５００円分をプレゼントいたします。

〇三年以来、イメチェン作戦をはじめとしてあれこれ試みてきたけれども、前途の希望がなくなった二〇一五年末の時点で振り返ると、それらの努力もすべて無駄だったかのように思え、さらに自分を性同一性障害と思ったこと自体も錯覚だったのではないかとさえ、思うようになっていた。

もともと、つれあいからはわたしの言う「性同一性障害だ」との自己診断は受け入れてもらったためしがなく、「自分のことを性同一性障害だと思い込む病気」としか受け止めてもらえていなかった。わたしはもう疲れ切ってしまい、「そんなにおっしゃるのなら、そうなんでしょうよ」と、投げ出したいような気持ちになっていたのだ。

そんなわけで、入院に至ったころは、買い集めた婦人服の多くを惰性で手許《てもと》に置き続けてはいたものの、ふだん着ることもせず、何着かの野暮ったい紳士服を洗濯しては着回していた。つれあいはそういうわたしの姿を見ていたから、新たに買って差し入れてくれるパジャマや下着類などもすべて紳士物で、わたしは、それに対する不満も述べなかった。だから、何事も男女を区別することから始まる病棟生活では、健康保険証の記載のとおり男性に分類されて、支障なく暮らしていたわけだ。つれあいは、わたしの「病気」は、ジェンダーの面に関するかぎりは「治った」状態にあると思っていたのかもしれない。

が、それはむしろ逆だったのではないかと、今になってふりかえってみると、思う。

「うつ」があんまりにもひどくなったため、二〇〇三年以来追求してきた「性自認に合った生活」というテーマそのものが重荷になって、断念していたのだ。元気が戻ってきたのと、性自認の問題が人生のテーマとして再浮上してきたのは、同じころだった。

わたしが教会で受講することにした「キリスト教入門講座」は、毎年四月から始めて翌年の復活祭まで続くことになっていて、一年間学んで納得した人は、復活祭に合わせて受洗することを勧められる。わたしの場合、退院後の十一月からでは中途受講だから、翌年四月にすぐ受洗というわけにはいかず、その年度内は見習い程度に受講しておいて、新年度からあらためて仕切り直しということにした。

入門講座の各回の講義は俗人信徒が担当する予定になっていたが、初回には主任司祭が直々に出てきて開講のあいさつをした。いろんな話が出たが、ひとつ、わたしを「おやっ？」と思わせる発言があった。

「現代のカトリック教会が対応を迫られている問題はいろいろあり、ＬＧＢＴをどう受け入れるかもそのひとつです。わたし自身はまだ、自分の司牧する教会で具体的にＬＧＢＴの方にお会いした経験はないので、苦手なのですけど、この教会での主任司祭としての任期のうちに、そういう方にお会いする機会もあるかもしれませんから、しっかり考えねばならない問題と思っています。……」

性の問題に関して杓子《しゃくし》定規《じょうぎ》で保守的だという定評のあるカトリック教会ともあろう場所で、こういう率直な発言が出ることを、わたしはまったく予期していなかった。意表を突かれた思いだった。そのときの私は曲がりなりにもメンズの服を着て短髪でいたのだから、わたしが臨席していることを意識して、リップサービスのつもりで主任司祭がわざわざこれを言った、という可能性はゼロである。その教室にわたしのような者もいるということとは無関係に、かりに受講生全員が性的マジョリティー（シスジェンダー、ヘテロセクシュアル）に属するとしても、言っておかねばならない一般論として、これを言ったに違いない。

「自分がしばらく封印して遠ざかっていた「ＬＧＢＴ」の話について、そういうものが存在すること自体はこの主任司祭も知っておられるのだなあ……」と、わたしはむしろ感心した。

そのころのわたしは、「ＬＧＢＴの問題」――私自身のケースに即して言えば「性自認の問題」――については、たとえ自分の内心にそういう問題を抱えているとしても、カトリック教会のようなところでは隠しておこうと考えていた。ＧＩＤ当事者としての意識を完全に「捨てた」わけではなく、心の片隅には保っていたけれど、性別については杓子定規なことを言うであろうカトリック教会のような場所では、そういう話は出さない。もし一年後に洗礼を授かるとしても、何食わぬ顔で一着だけ持っている紳士物の黒い礼服を着て洗礼式に臨み、男性の代父《だいふ》に付き添ってもらい、男性の洗礼名を授かって、教会では「男性ヅラ」をしていればいいだろう、ぐらいに考えていたのだ。

が、今やその問題の存在自体は、ここの教会の主任司祭も認知している……となると、希望が出てきた。性的マイノリティーのことを「ＬＧＢＴ」と括《くく》る用語法をわたしは好きではないが、

ＬＧＢＴと言うからには、最後の「Ｔ」で表現されている「トランスジェンダー」のことも視野に入れて語っているはずだ。だとすると、主任司祭が「ＬＧＢＴ……」と言ったということは、カトリック教会が長年否定的な対応をしてきたことで目下見直しを迫られている同性愛者の問題——これについてはすでに教皇フランシスコが積極的な発言をしている（注二）——だけでなく、性自認の面でのマイノリティーが存在することも、認識はしているということらしい。カトリック教会のようなところでさえ、わたしのような、五歳のときから「こんな身体はいやだ」と思って暮らしてきたような者が世の中にいること自体は、わかってくれているのか。

「それならば、遠慮せずに、あのイメチェン作戦を開始したころの気持ちに立ち帰って、自分の性自認を堂々と表明しながらこの「キリスト教入門講座」に通っても、いいじゃないか」と思えてきた。

　すると、目下の自分がボサッとズボラに羽織っているメンズの服が、あらためて重苦しい、違和感のあるものに感じられてきた。「本来の自分の心に合った服は、こういうのではなかったはずだ」と。

（注二）ルカ小笠原晋也著『ＬＧＢＴＱとカトリック教義［増補改訂版］』（非売品、二〇一八年）に、教皇フランシスコが二〇一三年七月二十八日にリオデジャネイロ訪問からの帰途の機上記者会見で語った言葉、および、二〇一三年八月に、イエズス会の雑誌 *La Civiltà Cattolica* によるインタビューに答える中で語った言葉が引用されている。その主旨は、同性愛者でかつ誠実に神を求めている者がいたら、それを断罪したり排除したりすることはわたしの

本意ではない、というもの。〔同書二一六〜二一七ページ〕

「今現在のホルモンバランス」と「性自認」とは関係がない

その年の五月以降、自分の心に合った服装の模索を再開することとし、積極的にレディースファッションを取り入れることを躊躇《ちゅうちょ》しないようになった。

実際、五月、六月と季節が夏に向かうのと歩調を合わせて、わたしは徐々に野暮ったい「オジサン」スタイルを捨て、以前と同じ婦人服での暮らしを追求するようになった。心身に元気が戻ってきたわたしにとって、着こなしに工夫を要する婦人服を着るのが苦でなくなってきたし、「オジサン」用のダブついたジャケットやパンツに比べれば、何といっても婦人服のほうが軽快であることは明らかだった。髪も、「うつ病地獄」のどん底まで落ちるより前にそうしていたように、うなじの線までは伸ばすことにした。

ボトムスについては、大学で講義をもっているあいだは、メンズのパンツをレディースのパンツに変えることはしても、スカートにみまがうようなAライン〔裾のほうほど広がったシルエット〕のガウチョパンツまで穿《は》くのは遠慮していたが、そういう制約のなくなった今となっては、ガウチョもスカーチョ〔一見スカートに見えるガウチョ〕も自由に穿ける。こうしてわたしは第二回目のイメチェン作戦を始めたのだ。

退院後も定期的に通院している大病院の精神科医師には、泌尿器科で男性ホルモン補充注射を受け始めたということは報告しておいたし、つれあいにもそのことは話しておいた。そのように、ホルモンバランスを男性ホルモン優位の方向に意識して変えようとしているわたしが、同時にレディースファッションをしっかり追求していることは、わたし自身の中では何も矛盾はしていないのだが、世間一般の人にはあまり理解されないようだ。つれあいからは、「あんた、その格好は何よ。男性ホルモンの注射を打ってもらってるのに、効いてないいんじゃない?」と怪訝《けげん》な顔をされた。

どうやら多くの人は、「女性ホルモン摂取（＝身体のホルモンバランスが女性ホルモン優位になること）」と「M→Fの性別適合手術を受けたくなる心のあり方（＝性自認は女性であるという自覚）」をセットにして考えている結果、その反対の「男性ホルモン摂取（＝身体のホルモンバランスが男性ホルモン優位になること）」は当然にして「男らしい男として生きたいという心のあり方」と結びつくと考えているようだ。

でも、これって本当は関係がないのだ。

早い話が、幼時から明確にMTFである子は、思春期を迎えて精巣からの男性ホルモンの分泌量が増えれば増えるほど、男性化してゆく自分の身体に対する違和感が強まり、性同一性障害であるとの自覚が強まってゆく。同様に、幼時から明確にFTMである子は、思春期を迎えて卵巣からの女性ホルモンの分泌量が増えれば増えるほど、女性化してゆく自分の身体に対する違和感が強まり、やはり性同一性障害であるとの自覚が強まってゆく。つまり、支配的な説に従って、性自認（自分がどっちの性に属するかという帰属感）は胎児期のホルモンバランスによって決まると考えれば、それは「今現在のホルモンバランスがどっちに傾いているか」には左右されないのだ。生まれつきMTMであるなら、女性ホルモンを投与されたからといって「あら、わたしの心は女なんだわ」と感じるようになるなどということはないし、生まれつきMTFであるなら、男性ホルモンを投与されたからといって「さあ、男らしい男として生きてやるぞ！」という意欲がむらむらと燃え上がってくるなどというものでもない。

わたしの場合は、うつ病地獄の十年から脱して、男性ホルモン注射のおかげもあって、身体にも心にも元気が戻ってきたがゆえに、本来の心になじむレディースファッションの服装に戻る気力が湧いてきたのだ。

「今しかない」と決断

そして、まだスカートを穿くまでの勇気は出ないけれども、ワイドパンツから始めてガウチョパンツやスカーチョを穿くことは躊躇しない気持ちになってきた六月ごろ、長年希望しながらもお預けにしてきたSRSを受けるとすれば、年齢的に言って満六十八歳の今が最後のチャンスではないかということも、強く心に湧いてきた。そして、もし受けるとすればどこの医療機関で受けるのがいいかも、具体的に検討するようになった。

ちょうどそのころ、つれあいからいわば「禁治産者《きんちさん》扱い」にされている自分にとってただひとつだけ自由に処分できるなけなしの金融資産が、あと少しで性別適合手術の費用をまかなうに足りるぐらいに値上がりしてきていることにも気づいた。具体的にお目当てのクリニックに問い合わせて、必要な費用を知らせてもらい、金融資産の売却によってそれをまかなって余りある金額が得られると確信できる「売り時」を待ち構えた。そしてとうとう九月一日に、その「売り時」をものにした。

その売却代金が銀行口座に振り込まれた九月六日から、さっそくクリニックとのあいだでEメールによる日程調整に入り、九月十九日についに予約を確定させることができた。こうして、十月二十二日に出発、二十三日に手術、十一月六日まで術後ケアのために、クリニック近辺のビジネスホテルや旅館を渡り歩いてその地に滞在、という日程が決まった。

そのとき、父方の祖母が太平洋戦争の敗色が濃くなってきた一九四四（昭和十九）年の秋に、「今を逃したらもう機会はない！」として、「これが今生の見納め」とばかり、国内の名所をめぐる旅行をしたとかいう話を思い出した。

第四章　「名誉女性」を目指して

「「参籠修行」に行ってまいります」

ＭＴＦのＳＲＳ（性別適合手術）というのは、世界ですでに何万例も実施されている手術だから、それを受けた人々の（数学用語で言う）集合も、それぞれの固有の背後事情を負う多種多様な人々から構成されているに違いない。中には「えっ、そんな事情で?」と一般人が驚くような事情のもとに受けた人もいることだろう。「ホルモンバランスは男性ホルモン優位に傾けておいたうえで、形成外科的には股間のかたちを「男性型から女性型に」変えてもらうのを、本人自身が十二分に納得し、満足したうえで手術に臨んだ」というわたしの例なんかも、多様性の一環としてあってかまわない例ではあるだろうが、理解してもらいにくい例だと思う。

精神科医であっても、ＧＩＤの当事者を多く診てきた人でないと、こうした事例を細かくは把握できていないように思われる。実際、わたしが二〇一七年の夏に「うつ病（正確には双極Ⅱ型障害）」のことで引き続き診てもらっていた精神科医に「じつは、性別適合手術を受けたいと、このごろ本気で考えるようになっているんです」と告白したら、「それじゃ、男性ホルモンの注射は、やめるわけですか?」と即座に聞き返された。

「元気が戻ってきたからこそ、本来の自分の性自認に向き合えるようになってきたんであって、その元気を維持するのに役立ってくれている男性ホルモン注射をやめようなんて、思っていませんよ」と、わたしは答えたが、これはわかってもらいにくかった。

注射をしに行っている先のD医師のほうは、ますますもってGIDの話には疎いだろうから、性自認の話は言わないように気をつけていた。わたしが夏ごろから大胆にレディースファッションでクリニックに出頭するようになったのは、当然気づかれただろうが、SRSを受ける予定については、事前には何も言わないことにした。男性ホルモンを補充されていることと整合性がないとか何とか批評され、手術はやめるべきだとかアドバイスされて話がこじれたら面倒だからだ。

SRSを受けに出発する五日前に手術前最後の注射を打ってもらったとき、わたしはスカーチョを穿《は》いていた。D医師はそれをみてちょっとあきれ気味に「これはまたずいぶんフェミニンな……」と言ったあと、例によってまた「まあ、テイストについては人それぞれですから……」と付け加えた。

つれあいにどう話すかは、いちばん悩ましい点だった。「うつ」の極みの入院生活のとき以来、彼女が余計な文句は言わずに、病人としてのわたしへの気遣いを示してくれ、何かにつけかいがいしく立ち回ってくれていただけに、そして、「元気に」なったわたしのことを喜んでくれていただけに、ここでその信頼感を敢えて壊すような行動に出るのは気が咎《とが》めた。でも、もしSRSを受けに行くなどと事前に言ってしまえば、「やらなくてもよい趣味的なことのためにお金を使うなど、もってのほか」という受け止めかたしかしないだろうことは、ほぼ確実だった。

わたしが選んだのは、「これは宗教的な修行の旅だ」と称して出かけることだった。

幸いにして、わたしがSRSを希望したクリニックのある都市は、国家神道時代には官幣大社に列せられた由緒ある大きなお宮のある場所に近い。そのお宮で秋には重要なお祭りがあることも本当だ。そのお祭りに際して一般人が参加できる「参籠《さんろう》修行」なんていうものがあるかどうかは知らないが、あってもおかしくはない。そしてわたしは、翌年春にはカトリックの洗礼を受けたいと希望している者だ。

第二バチカン公会議（一九六二年～一九六五年）以後のカトリックでは、宣教先の土地、土地の伝統文化を尊重しながら福音を宣教することが推奨されており、日本の神社神道についても、それを尊んでいる隣人たちの心は尊重するべきだと教えている。だから、カトリックの洗礼を受けても、神社の行事に敬意を表して「参列」するだけなら差支えない。ただし、いくら何でも、神道固有の儀式にカトリック信者が「そこに祀《まつ》られている神を信仰する者」の立場で「参加」することは、二股信仰になってしまうから、やるべきでないということになる。カトリックの洗礼を翌春に希望している以上、わたしが神道の「参籠修行」のようなものに参加できるチャンスは「今年が最後」ということになる。

わたしは、その「神」のお名前を「利用」（失礼！）させていただくことにした。十月の二十三日と二十四日の二泊だけは、お宮の境内に近い場所で「参籠修行」をし、それ以外の日は「通いの修行」をする、だから二十二日の晩と、二十五日から十一月五日の晩にかけてとは、泊まる場所としてはビジネスホテルや和式の旅館をとった、と言って、予約した宿泊先の名を逐一書いて表にした。申し訳ないが、そういう「方便」を使って旅に出たのだ。

実際には、二十三日の晩と二十四日の晩とは、手術直後の療養のために、二泊だけクリニックで寝泊まりすることになる。その「修行」の内容については、手術が終わってから携帯メールで真実を言うことにした。「修行」の内容は「医者のメスや針と糸で、身体を切ったり貼《は》ったりされることに耐える修行」であり、具体的には「性別適合手術」であると。

わたしは、「精巣摘出をしたからといって女性になれているわけではありません」ということを、D医師にわざわざ説教されなくても重々わかっているのと同様、SRSを受けたからといって、D医師の専攻分野の泌尿器科医学が言う意味での「女性」になれるなどとは毛頭思っていない。SRSは「股間の外見」をネイティブ女性のそれに「近づけて」くれる手術に過ぎない。だから、つれあいに対して打った携帯メールでも、「これで自分も百パーセント女だなどとうぬぼれてはいない」ことと、「今後とも、もし背広にネクタイの姿で顔を出すようにと要求される場があれば、お望みの姿で顔を出すことにはやぶさかでない」ことをちゃんと宣言しておいた。

とはいえ、事後報告というかたちをとることで「背信行為」をしてしまったことは事実であり、精神科医が出す「奥さんの同意のもとでの診断書」は得られないままでやったホルモン摂取の「フライング」と同様、弁明の余地はない。

術後療養期の二大トラブル

さて、手術は予定どおり無事に終了したが、どんな手術でもそうであるように、術後療養期に、予期していなかったトラブルの一つや二つは起こるものである。

十月二十三日に手術を受けてから、二泊はクリニックに泊めてもらったが、本来入院設備はない小さいクリニックだから、二十五日の午後にはもう送り出されて、以後は、予約してあったホテルや旅館を泊まり歩く日々となった。同一ホテルへの三日連泊が二回とれたけれど、それ以外は、今日はこっちのホテル、明日はあっちの旅館というふうに、まったくの風来坊の渡り歩き生活となり、毎日荷物全部をキャリーバッグに入れて（しかも尿道カテーテルを装着して）移動しなければならなかった。

そのような渡り歩き生活の期間に、二度にわたってかなりの危機に見舞われた。一度目の危機は術後八日の十月三十一日に起こった。

術後の食事についての指示は、同じくＳＲＳであっても執刀医療機関によって大きく異なり、クリニックによっては手術翌日から通常の食事を許すところもあるようだ。が、わたしがお世話になったクリニックでは、術後の患部にまかり間違っても大腸からの排泄物が触れることがないようにと細心の注意を払って、術後一週間は腸で完全に吸収されてしまう食べ物しか摂ってはならないと指示された。つまり、「ウィダーinゼリー」のような流動食しか摂ってはいけないというのだ。しかもこの食事制限は手術の二日前から課せられ、それ以前に摂った食べ物のカスがすべて腸から排泄され終わったころに手術を受けることになる。こうして、大腸はスッカラカンという状態を保って術後一週間を過ごすのだ。そのあいだ、当然、排便は起こらない。

というわけで、まったく排便がない状態が一週間続いて、十月三十日のお昼からようやく普通食を食べてよいという許可が出た。その日は、クリニックからすぐ近くのJR駅ビル内のおいしいお店で、海鮮丼をしっかり食べた。そしてその日の午後には身体の自由もだいぶ利くようになって、半日コースの観光バスのツアーで、その都市の隠れた名所である縁結びの神社と、お城のお堀をめぐる遊覧船と、お城の天守閣を満喫した。翌日は、クリニックでのアフターケアの予約時間が午後だったので、午前中にもうひとつの半日コースのツアーで、官幣大社のほうへ観光に行った。昼食もバス会社が予約しておいてくれたレストランで摂り、午後一時過ぎにJRの駅前で解散。午後三時にクリニックに出頭し、「万事順調」と診断されて早々とホテルに向かった。

ところが、前日のお昼から普通食を食べて、そろそろあってよさそうなお通じがいっこうにない。便意を催《もよお》したのでトイレに座ってみたのだが、いくら力んでも出ない。指を入れて触ってみると、確かに固形の便が直腸まで来てはいるのだけれど、硬すぎて肛門まで下りないのだ。

「しくじった!」と思った。前日、クリニックが「術後初のお通じが下痢状になると、患部に付着する恐れがあるから、それを防ぐために」と言って、下痢止めの薬を渡してくれていたのだが、それをバカ正直に全部飲んでしまったのが災いのもとだった。何も薬を飲まずに自然に便が出るようにしておけば、普通の硬さの便が出て、楽に「術後初のお通じ」を祝うことができただろうに、下痢止めのおかげでものすごい便秘になってしまったのだ。

あわててホテルからクリニックに電話して、「浣腸でもしてください」と、閉門まぎわのクリニックに駆け込んだのだが、浣腸をしてもらってもトイレに行くとその浣腸液だけがジャーッと排泄されてしまって、便は出てこない。「こうなったらもう、最後の手だ！」と思って、指を突っ込んで、ほじってしまった。ところが、今までに生涯何度かやったことのある「固まった便のほじくり」が、今度という今度はこれまでになかった危機へと直結してしまった。直腸が傷ついたらしくて、ダラダラと鮮血が出てきた！

「これはもう一巻の終わりか？」と思った。生涯のあこがれだったSRSを受けさせてもらったはいいが、その術後療養が終わらないうちに出血多量で死ぬのか……と、本気で思った。「出血してしまいました！」と叫んで、あわててトイレを飛び出して、助けを求めた。幸いドクターの手があいていてすぐに診てもらえたが、もし、自宅で同じような「固まった便のほじくり」をやっていて同じ目に遭《あ》ったら救急車を呼ぶしかないぐらいの、自分ではどうにもならない出血だった。「たいしたことはない」と診断されて、しばらく安静を命じられ、「出血はまもなく治まるから、排便に関してはこれを飲みなさい」と、液状の大量の下剤を渡された。

ホテルに帰ってからしばらく時間をかけて下剤を全部飲み干して、翌朝までには便をすべて出し切ってほっとしたが、最初は下痢止めを飲ませておいて翌日には下剤を飲ませるという「マッチポンプ方式」は、漢方医などに言わせれば典型的な西洋医学の欠点であろう。

それ以後しばらくはたいした問題もなく、術後回復のプロセスが順調に過ぎたのだが、いよいよ明日は飛行機で東京へ帰るという十一月五日の晩、食事も済ませて「さあ、あと一晩だけだ」と思ったころから、異変が起こった。装着されていた尿道カテーテルが詰まって、蓄尿バッグに少しも尿が落ちてこなくなったのだ。尿意はどんどん増してくるのに、出口がない。蓄尿バッグの側に何か不具合があるのではないかと、しきりに息を吹き込んで膨《ふく》らませてみたり、いろいろしたが、尿はほんのわずかに滴る程度にしか降りてこない。とうとう、膀胱がある程度ふくれたあとは、カテーテルの管と尿道壁とのあいだのわずかな隙間を押し破るような感じで、尿がビチャビチャと漏れ出してくるおかしな失禁状態となった。でもそのくらいの尿漏れでは尿意は治まらない。

入院中であれば当然ナースコールを押すべき事態だが、居場所はホテルであって押すべきボタンはどこにもない。万事休すだ。もうこうなったら何とかしてカテーテル自体を引っこ抜くしかないと思って引っ張ってみたが、全然抜けない。尿道カテーテルというものは、カテーテルの管の先が膀胱まで突っ込まれた状態でバルーン（カテーテルの先端近くについている、水を入れて膨らませられるゴム風船状の部分）を膨らませて抜けないようにしてあるのだということは知っていた。何とかしてバルーンをしぼませてしまえばよいのだと考え、バルーンに水を注入する口のあたりを切り裂いてしまえばいいかなと、ハサミで切ってみたのだが、それでも全然バルーンの水は逆流してこない。

結局、何だかんだと格闘しているうちに、カテーテルの折れて詰まっていた部分が真っすぐに戻ったらしくて、蓄尿バッグにやっとポタポタと尿が落ちてくるようになった。が、カテーテルを中途半端に壊してしまったわけだから、そのままではとても東京に帰れたものではない。あわや滞在延長を指示されるかと冷や冷やしながら翌日の朝一番にクリニックに出頭したところ、カテーテルを新しいのに付け替えられて、しばらく安静にさせられた。お昼過ぎに帰ってもよろしいとの許可が下りて、無事、予約していた飛行機の時間に間に合った。が、最後の最後の日まで大慌《おおあわ》てさせられた地方都市での術後療養期間だった。

術後五十日で第三のトラブル——尿道狭窄

その後、東京に戻って五日後の十一月十一日に、手術したクリニックと提携している東京のあるクリニックに出頭して、留置されていた尿道カテーテルを抜去してもらい、自力で新しい尿道口から排尿できることを確かめられたすえ、無事放免となった。

尿道カテーテルは、ＳＲＳでなくとも、長時間全身麻酔をかけて手術する際には術中の尿失禁を防ぐ目的で装着されるものだが、その場合は、麻酔が醒めたら速やかに抜去される。しかしＳ

RSの場合にかぎっては、尿道そのものが手術の対象の一部分であって、そこにメスを入れて改造しているわけだから、その傷がしっかり癒えるまではカテーテルの留置が欠かせない。わたしが手術を受けたクリニックの場合は、留置期間は三週間を目安としていた。その期間が無事に終わって、新しい尿道口から順調に排尿できるようになったら、あとは手術痕が完全に安定するまで少し異物感が残るだけで、毎日欠かせなかった消毒も不必要となり、支障のない日常生活に復帰することになる。

ところがここに最後の伏兵が待っていた。手術後五十日の十二月十二日を迎える直前になって、尿のほとばしる線が日に日に細くなり、水鉄砲の銃口を引き絞られたような状態になってしまったのだ。ついに、うんと力んでやっと尿がほとばしるようになり、ある晩、一時間ぐらいごとにトイレに行っては少量の尿を出す、という状態に陥ってしまった。

翌朝、急いで駆け込んだ泌尿器科クリニックでも、そこから紹介されて行った大病院の泌尿器科でも、「SRS後の改造された尿道など、診たこともないから、責任をもった治療はできません」と引導を渡され、「執刀したクリニックに行ってもらう以外にありません」と言われてしまった。それでも応急処置だけでも受けないことには帰れないとのわたしの言い分を受けて、大病院の泌尿器科では、「尿道ブジー」と称する、金属の棒を細いものから始めて太いものまで尿道口に順次突っ込んで「こじあける」ような姑息《こそく》（まにあわせの）手術を施してくれた。最初は「尿道口そのものがどこに開いているのかさえわからない」と言って、その姑息手術すら拒否される始末だった。

結局、ある程度尿の通りが回復したわたしは、十二月二十二日から二十三日にかけて、新幹線と在来線を乗り継いで、執刀したクリニックまで一泊旅行で出頭せざるをえなくなった。

執刀クリニックでは、その出口の狭くなった尿道にカテーテルを突っ込んで、バルーンを、通常のように膀胱内まで達したところで膨らませるのではなく、その手前の尿道内で膨らませ、そのまま引っこ抜くという荒療治をされた。

バルーンを膨らませた状態でのカテーテルの先端部は、尿道の直径よりも太くなっている。わざと膨らませたカテーテルを、無理やり外に引っこ抜こうとすると、尿道口を強く「押し広げる力」が働くことになる。その力を利用して「拘縮」を除こうというわけだ。ＳＲＳ執刀クリニックでは、その作業を自力で続けられるようにと、カテーテルやシリンジ（バルーンに水を注入するのに使う注射器状の道具）や、軽い麻酔作用のあるゼリーなどを渡された。これを自宅でひと月ほど続けることで、ようやく尿道口の拘縮がとれて、正常な状態に復するというのだ。

わたしは、男性とセックスする希望があってＳＲＳを受けたわけではないので、「造膣なし」の簡易コースでの手術を施してもらっており、多くのＳＲＳ体験記に出てくる、人工膣を収縮させようとする力を跳ね返して逆に押し広げるための「ダイレーション（拡張作業）」という苦行はしないで済んでいた。だから、術後にどこかを苦労して拡張するような痛いことはせずに済むと思っていたのだが、意外なことにＳＲＳ後の尿道口というのも、実は人工膣と似た性質があって、ほっておくと縮まることがあるのだそうだ。

わたしは、事前には、そんなことはあるはずないと思っていた。SRSでこしらえてもらった新しい尿道口は、人工膣とは由来が異なるではないか。人工膣は、もともと穴のない身体の部分に穴を作るのだから、皮膚で内張りしただけの一種の傷口であり、人体の傷口一般が治癒の過程で埋まるのと同様に、ほっておけば周囲の肉が盛り上がって、それを埋めてしまおうとする。それに対し、SRSで作った新しい尿道口は、もともとあった管状の尿道を短くして、膀胱から以前よりも短距離のところで体外へと顔を出すようにしただけのものだから、粘膜でできた管の（新たな）末端であるにすぎず、それを埋めようとする力など働くはずはないと思っていたのだ。

しかし、これは早とちりだったようだ。MTFのSRSのときにこしらえてもらう尿道口は、男性の身体であったときの陰嚢《いんのう》の少し裏側あたりに相当する会陰部《えいんぶ》の、皮膚と皮下組織で埋まっていた場所に孔をあけて（ちなみに「穴」という字は洞窟のような奥のふさがったアナ、「孔」という字は貫通したアナ）そこに元の尿道を通したうえで切り縮めたものだ。すると、尿道口から少し奥へ入ったところから膀胱にかけては、確かに元の尿道そのものが術後も手つかずで存続しているだけだが、その管が体表に顔を出す場所だけは、皮膚と皮下組織に孔をあけた中を尿道が潜り抜けていることになる。この「あけた孔」はほっておくと縮まろうとするから、SRS後しばらくすると、そこが「拘縮」を起こすことがあるのだそうだ。すると、尿道自体が狭窄を起こしたのと同じで、尿の出が悪くなり、最悪の場合、尿閉になる。それを防ぐために、尿道についても

「ダイレーション」が必要だ、というわけである。

結局、この「尿道ダイレーション」の荒療治をやってもらい、かつその後も自分でそれを続けるための指導を受け、交通費と治療費と宿泊費と合わせて七万円以上の追加費用が発生してしまった。つれあいから「禁治産者《きんちさんしゃ》」扱いされているわたしにとって、この予想外の出費は痛いもので、それを埋め合わせるために、二束三文を承知で多くの所蔵物を売り払わざるをえなかった。

またまた言われた「嗜好には干渉しません」

話をSRSの直後に戻そう。

泌尿器科D医師のクリニックでの男性ホルモン補充注射は四週間に一回の頻度《ひんど》で受けていたから、手術後初めての受診は十一月十四日になったが、わたしはあっさりと、「じつは、性別適合手術を受けてきまして……」と報告した。案の定、ちょっと意外な顔をされた。このD医師も世の常識に倣《なら》って、「M→Fの形成外科手術を希望する心の状態にあること」と「身体のホルモンバランスが女性ホルモン優位になっていること」とをワンセットで受け止める感性をもっていたらしく、「そうですか……。じゃあ、今後の方針として、ひとつの選択肢は、今やっている男性ホルモンの補充注射をやめること、となりますねえ」などと、言った。

わたしはその点については、すでに回答を用意していたから、「いや、わたしの場合、股間のかたちについて小さいころから違和感がありましたから、それを変える形成外科的な手術はずっと希望していたんであって、そのことと、健康を保つために男性ホルモン値を上げることとは、切り離して考えています。男性ホルモン値をある程度高く保つことが健康に必要なら、そのための注射は当然受け続けようと考えています」と、割り切って答えた。

それに対してD医師は「まあ、やってしまったことは仕方がないから、それを踏まえて、つぎのステップのことを考えてゆくことにしましょう」と言った。おだやかそうだが、わたしの耳にはちょっとトゲを含んで聞こえた。「本来、男性の身体で生まれている者が股間のかたちを変えたがるなんて、けっして私はお勧めしない手術だが、そういうテイストをもっていて、やってしまったのなら、その事実は踏まえたうえで今後の対応をとるしか医師としてできることはないから……」といった感じだ。

その後も、排尿トラブルが起こったときなど、ちょっと「あきれ」と「なげき」の混じったような表情がかいまみられた。そして、「切って傷つけたあとというのは、どうしても治癒過程で肉芽《にくげ》が出てきて、傷を埋めようとするものですよ」、「それに対して尿道ブジーは姑息的な処置であって、必ず、また狭まってまた受けるというふうになりますよ」、「永久的に尿道を広げるためには、ステントを入れることになりますが、そうすると垂れ流しになって、始終おむつをあてていないといけなくなります」、「完全に尿閉になってしまった場合、おなかの側から膀胱に直接孔をあけて導尿するほかなくて、蓄尿バッグが手放せなくなります」とか、さんざん脅《おど》しめいたことを言われた。「余計なことをすると、そのくらいにQOLが下がるんだぞ！」と言っているみたいな感じだった。

これは、わたしの術後の尿道口をちゃんと診察したうえで言ったのではない。診てもわからないと思ったのか、最初から診察はしなかったのだ。

D医師は身体面で面倒を見てもらっているだけの関係なのだから、言いたいように言わせておけばいいとも思うのだが、一矢《いっし》だけは報いておきたいような気分になった。

そこで、次回注射を受けに訪れたときには、わたしは思い切って、つぎのように言った。

「これまで、泌尿器科とは関係のない話題と思って話さなかったんですが、わたくし、精神科のほうではすでに十三年前から「性同一性障害」と言われているんです。ただ、正規のガイドラインに沿った治療は受けられない立場にあったから、美容外科みたいなところに頼らざるをえなかったわけです」。つまり、精巣摘出にせよ、SRSにせよ、「テイスト」とか「嗜好《しこう》」とかいうレベルで、「医学的にはやらずもがなのことをやっている」のではなくて、本来なら、精神科での診断書を第一ステップとして、ホルモン療法、SRSという順で進んでゆく正統医療の治療プロセスを、たまたま事情あって自己判断でたどらざるをえなくてやってきたことなのだということを、明らかにしておいたわけだ。

これで言うだけのことは言ったから、あとはそれをD医師がどう受け止めようと、気にしないことにした。

ガウチョパンツからスカートへ

ところで、SRSを受けに行ったときの旅の服装だが、もちろんレディースの服で行った。ただ、パートタイムの女装者の方々が好むような、ことさら「女装」を誇示するような服装ではなく、トップは緑褐色の無地のジャケット、ボトムはネイビーブルーの「スカーチョ」だった。クリニックで術前の診察のときに、「さあ、スカートも脱いでください」なんて言われたところをみると、スカーチョはバッチリ「スカートみえ」していたようだ。術後療養期にJRの駅に近いビジネスホテルに宿をとり、毎日キャリーバッグをゴロゴロ引きながらクリニックとのあいだを往き来していたとき、あちこちのガラスのドアなどに映る自分の姿を確かめて、「おお、この距離からなら十分に女性にみえる」なんて悦に入っていた。

ただ、トイレに入ったときのガウチョパンツ類の上げ下ろしは面倒なものだということも、何度か痛感したので、「いっそのことスカートで来たほうがよかったかな」とも反省した。外見が同じようにみえても、二股に分かれているスカーチョの場合、まくり上げることによって用を足すわけにはいかないから、いちいち膝下まで下げねばならない。その際、脚にタイトにフィットしているパンツならば、裾は脚にくっついたままで、ずり下がったりしないから、トイレで裾が汚れる心配などはない。それにひきかえ裾が大きく広がっているガウチョパンツ類では、上端を腰から膝へと下げたとたんに裾も一緒に下がってしまうから、そのままだと裾がトイレの床に着いてしまう。それを避けるために、インナーにあらかじめ裾すぼまりのペチコートパンツを着用しておいてそれにガウチョの裾をからませたり、あるいはガウチョの裾をゴム入りのストラップで縛ったりと、工夫が必要だ。

そんなわけで、SRSを終えて帰ってきてからは、まくり上げさえすれば用の足せる生粋のスカートを積極的に穿くことにして、今に至っている。実際、SRSで尿道のかたちを変えてもらった身にとっては、スカートほど便利なボトムはない。脚にタイトにフィットするパンツも、ファスナーを開いてショーツもろとも上端を膝まで下げさえすれば用が足せるので、それなりに便利で、しかも、いくらでも大股で動き回れて活動的だから、女性用のボトムとして近年すっかり普及したのは必然性があると思う。しかしスカートも、長年にわたって女性の服の基本であった歴史には必然性があると思う。下から覗《のぞ》かれるような姿勢をとってはならないという制約はあるが、用を足すときの簡便さを考慮すると、その欠点は十分に補われるからだ。

うつ病地獄を克服して、再びレディースの服装で暮らすことを希望するようになった二〇一七年の春には、まだSRSを受ける決心は固まっていなかったので、とりあえずは、フェミニンではあるけれども「男性がファッションとして着ているのだ」と見られてもかまわない程度の、ぎりぎりユニセックス風のいでたちを選んでおくことにした。

そのようにして買い揃《そろ》えたのが、まずはワイドパンツ四着。それに続いて、もう少し大胆になってきたときに買ったのがガウチョパンツ類で、一着買うと病みつきになってきて、つぎつぎと買い足してゆき、あとになって数えてみると、十一着も買っていた。そのあと、SRSを受ける決意がはっきりしてきたころからようやくスカートやワンピースのような「生粋の女性専用型の服」を買うようになった。

今になって思うと、どうせなら最初から、女性専用型の服を中心に買い揃えたおいたほうが、SRS後の生活にとっては便利で、しかも費用は節約できたのではないかと、惜しい気持ちがする。今後、ガウチョパンツ型のボトムをそれほど頻繁に穿くとは思えないからだ。

スカートにこだわる理由

もっとも、現代のネイティブ女性の多くは、スカートやワンピースを着ていることは少なく、街でみかけるネイティブ女性は四人に三人ぐらいがパンツ姿だ。外出時にたいがいスカートやワンピースのいでたちで過ごしているSRS後のわたしは、女性一般の姿よりもむしろ少数派の真似をしていることになる。

ネイティブ女性の多くは、パンツ姿で過ごすことを特に男っぽいふるまいとも感じていない。自分が身体も心も女性であることについて、自明のことと（自信をもって）受け止めていて、女性専用の服装をしようが男性と共通性の高い服装をしようが、それによって自分の内なる何かが左右されるなどとは微塵も思っていないからだろう。それにひきかえ、ＭＴＦの性同一性障害を自認する人のほうが服装の女性性にこだわる傾向があって、女性専用の装いであるスカート、ワンピース、パンスト、パンプスといったものに、一種強迫観念的なこだわりをもち、それらを着こなすことで初めて安心できるという傾向があることは事実だと思う。

それは確かに、ひとことで言えば「自信がない」ところから来ている。特にＳＲＳを受けていないうちは、「せめて服装だけでも、明らかに男性とは差異化された装いにすることで、「自分の心の性は女性なんだ」ということを、自分自身にしっかり言い聞かせたい」というこだわりが強くなるものだ。

じゃあ、ＳＲＳを受けたあとはどうかというと、確かに身体のある部分を性自認に合ったかたちに直してもらうことで安心が得られることは本当だけれど、別にふだん他人さまに見せる箇所でもないわけだから、服を着たときの外見は、手術前と同様、服の着こなしに大きく左右されることに変わりがないわけだ。特に、男性の身体で生まれた者の宿命として、よっぽど早い時期から性別移行を実践したのでないかぎりは、骨格からいって、肩幅に比べて腰幅が十分でないという欠点は残る。これをそのままにしておくと、いくらゴテゴテと顔に化粧品を塗りたくっても、全体のシルエットが女性的でないことで、かえって化け物的にみえてしまうばかりだ。

普通に外を歩いて行き交う人々とすれ違う場合、フェミニンかどうかは、まずは全体のシルエットで判断される。その場合、腰幅が肩幅よりも大きめで、ウエストが適度にくびれて見えれば、第一印象で「あっ、女性」と、ナチュラルに受け止めてもらえるものだ。そのための装いとしては、腰回りにたっぷりギャザーの入っているスカートが何よりも優れた武器で、それを穿いたうえでウエストを適度に引き締めていれば、まずは合格だ。その姿で男性トイレなんかに入れば、むしろ、あとから入ろうとする男性が「あれっ、自分は入るトイレを間違えたか?」と、びっくりして後ずさりするぐらいになる。

SRSで尿道のかたちを変えてもらった身にとって、スカート穿きだとおしっこがしやすくていいという機能的な利点もあるが、それとともに重要なのは、この「全体のシルエットの「女性みえ」」に資する武器としてのスカートなのだ。逆に、パンツであれば、ネイティブ女性ならばその姿でいても腰幅が広い結果として自然に「女性みえ」するのに対して、MTFの場合、腰幅が狭いことから、SRS後であっても「なんだ、男性じゃないか」とみられてしまう危険性が高くなる。それを避けるためというのが、スカートにこだわる最大の理由なのだ。

もっとも、もうひとつ別の理由もあることは、白状しておこう。後述するように、二十代半ばごろのわたしは、少女漫画雑誌を買うことで、十歳前後に体験できなかった「少女時代」を遅ればせながら体験し、「失われた時間を取り戻す」ような喜びをみいだしていた。SRS後のわたしが「スカートにこだわる」ことには、同じような、空白の時間を取り戻したいという動機が働いていることも嘘ではない。

パンプスは履いてもハイヒールは履かない

スカートのほかにもうひとつ、現代社会では女性専用のいでたちと規定されているものは、足に履くパンプスと、そのときの専用の靴下としてのパンストだろう。初回のイメチェン作戦のときのわたしは、スカートとともに、それらは遠慮しておこうと考えた。曲がりなりにも「男性」だという建前で職場に勤務している者がそういうものを身に着けると、好奇の視線や、動機について釈明を求めるような視線をつねに浴びながら勤務することになり、ややこしそうだったからだ(それに加えて、そもそもそういうものの着方、履き方がよくわからなかったということもある)。

もはや職場からは引退している身でそういう点は気にしなくてよくなったし、また、せっかくSRSを受けた以上、ネイティブ女性と同じ格好のうちで取り入れて楽しいものは取り入れたほうがいいと思い、近ごろは積極的にパンプスを履いている。

足の甲の部分が大きく開いているパンプスは、サイズ選びに細心の注意を要する。かかとからつま先までの長さの最適なサイズを選ばなければならないだけでなく、靴の本体を足に密着させて脱げないようにする最適な幅のものを選ぶのが、またむずかしい。しかし、いったん自分にぴったり合ったサイズを割り出すことさえできれば、なかなか気の利いた靴である。足を覆う部分を最小限に抑えながら、脱げないように工夫してデザインされている。紳士物の靴が必要とする重量の三分の一か四分の一ぐらいの重量で済むから、その軽快さは、ちょうどオジサンのズボンに対するスカートの軽快さの「比率」と似ている。

もっとも、わたしがここで褒めているパンプスは、バレエシューズを含むフラットパンプスや、ヒールの高さが三、四センチぐらいのローヒールパンプスであり、ハイヒールは含めていない。ヒールの高さが七センチも八センチも、ときには十センチもある「ハイヒール」と称する靴は、美的関心からそれを履きたい人が履くのは自由だが、成人女性の当然の身だしなみとしてそれを強制することは、愚かな風習だとわたしは考えている。その理由は、ヒトという動物の歩行の際の、「かかと」と「つま先」への負荷の配分を最適にしている天然の摂理を、わざと発揮させないように仕向け、履く人の足に不自然な負担をかけるようにできているからだ。

かかととつま先がほぼ同じ高さにできているスニーカーは、素足で歩いた際の負荷の移動のしかたを忠実に再現するようにできている。

それにひきかえハイヒールという履物は、素足で歩いた際の負荷の移動のしかたをまったくシミュレート（模写、反映）していない。実際にハイヒールで歩いてみればわかるが、素足で一歩を踏み出すときのような「まずかかとから着地して……」というやり方を実行しようとすると、靴のかかとが着地してから靴のつま先が着地するまでの中間がスムーズな動きにならず、足首を挫きそうな、危ない状態が生じる。ハイヒールで歩く際には、足（と靴）が地面に着地しているあいだだけでなく、宙に浮いてつぎの一歩への準備をしているときにも着地時と同じ角度を保たせておき、つぎの着地にあたっては、靴のかかととつま先が同時着地するかたちにもってゆかないと、うまく歩けない。結果として、足首から先を、つねに「つま先立ち」のかたちにしておかねばならず、着地した際の負荷はつま先にかかり続ける。だから、ハイヒールを履いて歩けば、二キロぐらい歩いただけで、つま先が痛くなってくる。無理に履き続ければ足の骨が変形して、外反母趾《がいはんぼし》になる。

まあ、わたしにとって、若干ヒールのある履き物は、遠目に「あっ、女性だね」と見える立ち姿を演出するための小道具に過ぎない。確かに、足元が不自由になるぶんだけ、シャキッと背筋を伸ばして立っていないといけなくなるので、だらしない姿勢を矯正する効果はある。しかし、こんなものをどこへ外出する際にも履けなどと言われようものなら、それこそ責め苦だ。

すっぴん・ローヒールの「修道女まがい」

自分の心に合ったフェミニンな装いは大いに追求するものの、現代の社会が「女性の身だしなみ」として要求している習慣のうち、あまりに窮屈で不自然と思われるものにまで無理して順応する必要はない、と思っているのが、わたしの正直なところだ。

ただ、世の中が依然として「性別二元論」で組み立てられていることは事実だ。自分が男性とみなされて社会生活しなければならないことにずっと違和感を覚えてきた結果、敢えて（身体の）性別の越境をして、「より心になじむ」側の性の領域に「参入」することに決めた以上、真ん中よりは「女性寄り」であることを無理なく認識してもらえるだけの装いは必要だと思う。

身体の観点から言って、わたしが完全にネイティブ女性に対して遜色ないと言い切れるのは、ヒゲやすね毛がきれいに脱毛してあることぐらいだ。そして、背の高さが一七四センチぐらいあることは、若干規格外ではあるが、近年の若い女性にはそのくらいの人もいるので、あまり気にしないことにする。気になるのは裸になった場合のシルエットだ。骨格が男性として完成してしまって長年を過ごした身だから、肩幅の広さに比べて腰幅が狭いことはどうしようもない。ただし、これについては衣服をうまく着こなすことで、かなりカバーできるので、くよくよするよりは、着こなしに磨きをかけるにかぎる。

衣服で修正しようのないのは顔の骨格だ。ネイティブ女性よりも明らかに顎骨《あごぼね》のエラが張っているし、鼻梁《びりょう》が高すぎる。また、鼻を横から見たときのシルエットも女性に多い形からはズレている。喉ぼとけは張ったままだし、声帯の長さに起因する声の低さは、地声を出すかぎりは明らかに女性の音域に入らない。メラニー法というボイストレーニングによって（声帯の長さは変わらないままでも）声を高くもってゆくことが不可能ではなく、若いＭＴＦでは、この方法で成功している人が珍しくない。わたしの場合も、女性とみて話しかけてくれる初対面の人に、「エッ、この人何なの？」と戸惑うほどの違和感は与えないように、なるべく高い音域で応えるように努力はしているが、さて、どこまで成功しているやら。

そして、肌の質がネイティブ女性とはどうしても異なり、化粧品を塗りたくって「女性でございます」と僭称《せんしょう》しようとしても気持ち悪がられることのほうが多いだろうから、お化粧はせず、化粧品自体持っていない。いつも「すっぴん」だ。

今でこそ、成人女性は外出に際してお化粧をするのが当然の身だしなみだという規範が日本社会で強くなってしまっているが、われわれ団塊の世代が若いころは、学生のうちから化粧をするような者は少数派だったし、社会人になっても儀式的な日以外には化粧せずに働いていたオフィスワーカーは多かった。だいたい、毎日朝に時間をかけて入念に化粧をし、帰宅したらメイクを落とすなどという煩わしい生活をしていたら、学業や仕事がそのぶん疎かになる。あのころの女性にわたしが倣《なら》っても、悪くはないだろう。

今どきのネイティブ女性で、このように割り切っている人はいるか？　いる。別に、今の社会の性別役割観に敢えて異議を唱えようとする挑戦的なフェミニストでなくても、いる。カトリックの修道女（シスター）だ。

わたしがよく訪れる上野毛《かみのげ》教会の、敷地内に東京の拠点をもっている純心聖母会のシスターなどは、昔ながらの制服を着ているから、お化粧はしないし、靴もパンプスは履いていない。彼女らの靴はいつも履きやすく脱ぎやすいスリッポンだ。

もっとも、今どきの女子修道会は制服を廃止しているところも多いから、俗人と同じ服を着ていて、外見だけではそれとわからないシスターもけっこういる（ただし、あまり派手な服は着ないようだけれども）。お化粧が許されているかいないかは、修道会によってまちまちのようで、「俗人服＋お化粧」というまったく俗人と変わらない姿のシスターもいる一方、「俗人服だがすっぴん」という姿のシスターもいる。そういう人は、わたしの時代の女子学生がそのまま年配になったような、虚飾の少ない実際的な人にみえる。

わたしがこういうことを詳しく知っているのは、受洗を希望するようになって以来、カトリック教徒の集まりに出席することが多いからだ。ある集まりに出たとき、集会が終わってからある参加者に「あなたのことは、背の高いシスターだなあ、と思っていました」と言われた。普通の俗人のネイティブ女性とみるには少し難点があったけれど、シスターだと思えば不自然ではないとみられたのだろう。ということは、いちおう「パス（生まれた身体の性別とは反対の、希望する性別にみてもらえること）」したということだ。

わたしが心がけているのは、「着衣での全体のシルエットがフェミニンにみえること」。だから、腰幅の足りない点はギャザーの多く入ったスカートでカバーし、髪のボリュームの足りない点はふっくらしたキャスケットを被《かぶ》ることでカバーし、男性時代よりもやや小幅なステップで歩く。

トイレは、多目的トイレのある場所ではなるべくそれを使うが、男性用と女性用しかない場所では、ためらわずに女性用に入る。わたしのシルエットからして、それが自然であり、現在のわたしが男性用トイレにうっかり入ろうものなら、あとから入ろうとする男性を一瞬たじろがせて、あとずさりさせるか、あるいは「女子トイレの待ち時間が長いために、男子トイレの「大」のほうをちゃっかり利用する気で割り込んできた、ずうずうしいオバサン」とみられるか、どっちかだ。そんな狼狽《ろうばい》や不快感を与えるよりも、女子トイレにいそいそと出入りするほうが、ずっと気楽だ。

というわけで、ちょっと離れた距離からみられた場合、全体のシルエットから判断して女性だろうとみられているのが、現在のわたしだ。でも、近寄ってまじまじとみつめられれば、生まれつきの女性でないことは、たいがいバレてしまうだろうから、その場合は、逆に「先手を打つ」ことを心がけている。

二〇一七年の十二月十日、某所で早めのクリスマスパーティーがあって、全員自己紹介をしなければならなくなったときが、SRS後のわたしの「デビュー」の機会だった。わたしは「性別は、いわば「名誉女性」です」と自己紹介し、SRSを受けたこともカムアウトした。このごろのことだから、参加者はみんな、それほど奇異には思わず、わかってくれたようだ。

これから女性としての就職をしなければならない若いMTFの場合は、生まれた性別と完全に反対の性別として「パス」するレベルをどうしても獲得しなければならない必要性があるだろうが、わたしの場合はもはや社会的には引退年齢だ。これ以後の公的活動としては、ボランティア活動と自宅での執筆活動しかしない予定だから、普通の女性として通用する必要はない。「すっぴん・ローヒールの「修道女まがい」」でかまわないと思っている。

女性名で洗礼を授かることができた

主任司祭の発言に勇気づけられて、フェミニンなファッションで「キリスト教入門講座」にもミサにも出るようになったわたしは、秋以降、翌春の復活徹夜祭に受洗することを希望すると同時に、入門講座の担当者に、性自認の性別である女性として洗礼を授かることは可能か、打診してみることにした。カトリックでは受洗にあたっては本人の性別に従って男性か女性かどちらかの洗礼名を授かることになっているし、立会人あるいは身元保証人のような役割をしてくれる先輩信者として、男性の場合は男性信者の中から「代父」を選び、女性の場合は女性信者の中から「代母」を選んで、付き添ってもらうと決められている。わたしがもし「女性として」洗礼を受けるのなら、女性の洗礼名を選び、代母に付き添ってもらわねばならない。打診の結果、主任司祭が認めれば可能だとの答えが得られた。そして、SRSを受けて帰ってきたあと、主任司祭から直々に「可能です」との回答を得ることができた。

というわけで、二〇一八年二月二十五日の「洗礼志願式」も、三月三十一日の「洗礼式」も、昔からの知り合いでカトリック教徒のマリア＝ミカエラさんに「代母」として付き添っていただいて、滞りなく済ませ、戸籍名ではない通称の「三土明笑」名で教会の洗礼台帳に記載してもらい、洗礼名としては女性名である「ミカエラ＝フランチェスカ」という複合名を希望して、そのとおりに頂くことができた。「ミカエラ」は代母さまの複合名の後半でもあるが、じつは六十年前にアイルランド人修道女のところに英語の初歩を習いに行ったときにつけられた呼び名「マイクゥ」（大天使の名で、日本では「マイケル」と写されるが、本当はこのように聞こえる）の女性形ラテン語読みであり、「フランチェスカ」はアッシジの有名な聖人「フランチェスコ」の語尾を女性形に変えたものだ。こうしてできた複合名は、わたしの好きなイタリアの児童文学『青空からのクロロフィラ』（ビアンカ・ピッツォルノ作、本邦未訳）の中で活躍する元気のいい兄妹の名の、お兄さんのほうのを女性形に変えて、二つくっつけ合わせたものでもある。

　このようにして、面白いことに、わたしをトランスジェンダーの女性扱いで受け容れてくれた最初の社会的組織は、区役所でも本籍地の役所でもなく、ジェンダー観に関しては日本国家以上に保守的と思われてきたカトリック教会であった。

　洗礼式の翌日の四月一日が復活祭で、ミサ後の祝賀会の中で新受洗者を紹介する機会が設けられたが、真っ先に自己紹介をすることになったわたしは、もちろんレディースファッションであいさつに立った。「完パス（完全なパス）」を目指せばかえって無理が生じてややこしいことになるのはわかりきっていたから、「女性名のミカエラ=フランチェスカを授かりました三土明笑です。もっとも、体格を見ればわかりますように、生まれは男性です」とあっさり言っておいた。別に「意外」という顔をした人もいなかった。

第五章　心は女性で、かつレズビアン

「男の子」の要素が全然なかったわけでもない

わたしが自分の生まれついた身体の性別に違和感を覚えたのは、物心ついてまもなくだった。幼稚園児ぐらいになると、すでに、男の子と女の子と区別して、「男の子なんだから、これこれでなければ……」（「女の子なんだから、……」も同様）という期待像を押しつけられる。わたしの場合、そもそも男の子どうしの集団の闘争的な遊び方や、何事につけ「強い、弱い」で序列をつけたがる習慣にまったくなじめず、さりとて女の子の仲間として遊ぶわけにもいかず、早くからだれとも遊べない状態が生じていた。

当時は、生まれつき「性自認」が身体の性別に調和しない子が一定割合いるということなど、医学的にまったく認識されていなかったから、わたしのような「男の子」への期待に苦痛を感じる子を、親が「この子は少しおかしい」と心配して精神科のクリニックにでも連れて行けば、「男の子として鍛えていけば、そのうちに治りますよ」とでも言われるだけだったろう。

男の子と女の子の身体的特徴は、小さいころは泌尿器を除けば、さほど顕著なものではない。少し離れて見たとき男の子か女の子か区別のつきにくい子はいっぱいいる。でも、よくよくみると幼稚園児ぐらいでも、男の子と女の子では髪質が違う。殊に女の子の生え際は、顔面や首筋の産毛のような細い毛が、そのまま徐々に長い毛へと移行して頭髪になっているのに対して、男の子の場合は、最初から産毛とは異質なゴツゴツした毛として、頭に乗っかっている。ジェンダーに関心の深いわたしは、その違いを見抜く力には長けているから、まず間違えることはない。

男の子と女の子のあいだでのものごとへの関心の違いというのも、少なくともこの髪の生え際の違いぐらいには、幼いころから存在しているものだ。クレヨンで絵を描かせてみても、女の子はたいがい、太陽が照っていて、花が咲いている温和な風景の中で、何人かの子どもたちが楽しく遊んでいるといった、「人の交流」がテーマの絵を描く。色遣いは暖色系が多い。男の子はたいがい、自動車が疾走していたり、ロケットが飛んでいたりという、「モノ」と「動き」がテーマの絵を描く。色遣いは寒色系が多い。それが普通だ。

では、わたしの場合はどうだったかというと、その面に関しては、案外男の子側だった。たとえば、船が波を蹴立ててこちらへ近づいてくる絵を描く場合、絵のうまい子だと、小学校高学年ぐらいになると、船の左舷側の斜め前に視点があっても、舳先《へさき》の右舷側も少しだけ視界に入っているといった、微妙な姿を描けるようになる。空間把握力がしっかりしていないと描けないそういう絵に、わたしはずいぶん関心があり、あのくらいうまくなりたいというあこがれもあった。使う色も、船の吃水線《きっすいせん》下の赤や日の丸の赤などを除けば寒色系だった。

小学校も三年生ぐらいになると、男の子と女の子が混じって遊ぶことは少なくなり、女の子は腕力はさほど強くないのにそれを補うかのように弁が立ち、大人に取り入ってうまく味方につけてしまう術には長けてくる。要するに「ああ言えば、こう言う」がうまくて、「こまっしゃくれて」くる。男の子はその面でしばしば割を食わされる。

そういう行動的特徴に関しても、わたしは「割を食わされる」男の子の側に入っているように自覚した。男の子の遊び仲間には入れないにもかかわらず、そうだった。

性的快感の経験については早熟だった

そして、性的快感の経験に関するかぎりは、わたしはむしろ同年齢の男の子のトップを走っていた。

小学校一年のときにはすでに、股間の「変な竿」のところに、特殊な状況下で不思議な快感が走ることを知っていた。たとえば時間制限のきつい算数テストで、全問回答が間に合いそうになくて「うわー、困った。ボロ点とったら、親に叱られる!」とあせったとき、「竿」のところが妙にムズムズッとして、ズボンのポケット越しにそれを左手で揉《も》むと、気持ちよくなるのだ。

この快感が、じつはそういう特殊状況下でなくても、寝転んで両脚を突っ張りながら思いっきり自分の手で強く「竿」を揉みさえすれば、いつでも望むときに望みどおりに作り出せるものだと知ったのは、二年生の終わりだったか、三年生になってまもなくかだった。オーガズムまで行った。まだ前立腺や精嚢《せいのう》は発育していない時期なので、オーガズムは絶頂感だけあって何も出ない「ドライオーガズム」だったが、そのかわり、ひと息休みさえすれば何度でも続けて味わうことができた。友達のあいだで、そういうはしたないことは話題にならなかったため、ずいぶん長いあいだ、「これは自分だけが知りえた、特殊な快感だ」と思っていた。性に関するアンケートで腹蔵のない回答が引き出せるようになった近年では、わたしと同じようにして、小学校の早い時期にオナニーを知ったという男の子は、かなりの割合で存在することが統計的にわかっているようだ。でも、平均すると小学校高学年から中学一年ごろに覚える子が多い中で、低学年で覚えた私は、今の基準で考えても早熟の部類だったと思う。

こうして、うとましい存在だった「竿」が、気持ちよくなるための道具にもなることを知ったわたしは、「この竿を切ってしまいたい」という幼稚園児時代の願望は、当面抱かなくなった。中学一年になってすぐの、満十二歳二か月のころから、オナニーによって達するオーガズムがドライからウェットに変わってきて、オーガズムに達するたびに白い液体が分泌されるようになってきた。それと同時に「続けて何度でもイケる」という「クリトリス型」(?)のオーガズムが、「続けてヤルと疲れて、できなくなる」という男性型に変わってしまったのは残念だった。どうやらこのとき分泌されるものが、結婚したときに女性を受胎させる役目を果たす「精子」というものらしいということが、想像でわかってきた。

ともあれ、このようにしてわたしも、思春期の生理そのものは標準的な男の子の生理を体験したわけだ。そして、その同じころ、それまでは「こまっしゃくれて、うとましい」存在のように思っていた同年代の「女の子」の中に、目の覚めるような「美」をみいだして、「うわあ、この

中学生時代／14歳（1963年）

子、すてきだ。できることなら親しくなりたい。独占したい！」という、自分自身でもびっくりするほど強い「恋慕の情」をも覚えるようになった。つまり、「性的指向」は女性に向かっていることが、はっきりしてきたのだ。

現代の性科学の通説では、男性の身体に生まれて性的指向が女性に向かっていても、本人の心の性が男性だとは必ずしも言えないということがわかっているから、「女の子を好きになったんだから、何のかんの言っても、自分は男の子だったんだ」と結論することは、早とちりなのだけど、当時のわたしは、そのように考えた。「そうか。こんな自分でも、一人前に「男の子」だったのか。それならば、「男の子」として立派になり、女の子から慕われる存在になれるように努力しなければならないわけか」と、自分に言い聞かせた。

恋はいつも一方通行だった

中学・高校を男子校で過ごし、大学も某国立大学法学部なんていうところ（当時は、普通の女の子の志望すべき学部ではないと思われていた）に入ったわたしは、クラスメイトに女子が一人もいない環境が続き、友達として女性に接する機会には恵まれなかった。そのせいで、女性というとやたら抽象的にとらえて、神聖なるあこがれの対象みたいに思う気持ちが先走ってしまった。そのこと自体は男子校生にはよくあるパターンかもしれない。が、周囲の男子生徒は、そうは言いながらも、年齢が増すにつれて、肉体的に豊満な女性をゲットして欲求を満たしたいといった「男っ気ムンムン」な考え方に傾いてゆくのに対して、わたしはそういう気にはなれなかった。

二十歳ぐらいからあとには、女性と直接に話のできる機会は、折々めぐってくるようになったのだが、「相手から「男」として頼りにされ、あこがれられる」というようなことは、まずなかった。何か決定的に、そういう意味での「男」としての要素に欠けていたからだと、今からふりかえると、思えてくる。いつも、歯がゆいような「行き違い」感を覚えた。

女性と会って、わたしが少し親しくしようとし始めると、恋人候補として「不合格ね」と早々と烙印《らくいん》を押されてしまうか、あるいは逆に、「男だからわたしをエッチな関心で見ているに違いない」との先入観で、警戒心をもって対応されてしまうかのどっちかだった。性別なんて関係のない次元で「人と人」として率直に情報交換して「ああ、有益だった。今後も機会があったら、また情報くださいね」といった関係になれることが、とても少ないのだ。

わたしが女性に対する性的指向をもっていて、「性的にも将来パートナーになりうる女性に会えたらいいなあ」と思っていたことは事実だ。しかし、それと同時に、「男っ気ムンムン」の

「むくつけき」男性どもの話題には引き気味になってしまうわたしにとって、そういう「脂ぎった」要素がない女性というものは、より気安く友達になれそうな存在であるがゆえに、まずは友達としての次元で交流を求めているという面も、多分にあったのだ。そのことが理解してもらえず、世の普通の「男」と同じにみられているというのは、どこか心外で、味気ないことだった。

わたしの童貞喪失は、今の時代からみれば相当「オクテ」の満二十七歳二か月のときで、そのときの相手と、その後三年間、ズルズルべったりと同棲関係に入ってしまい、性格の不一致からさんざん修羅場を演じたうえで別れたのだが、それを唯一の例外として、今のつれあいとお見合い結婚するまでのあいだ、いわゆる「女性関係」はもっていない。

結局、「いつまでも独身でいたら、半端者になるぞ」と心配した周囲の圧力を受けて、三十一歳から三十二歳になる境目のときに今のつれあいとお見合いして、電撃結婚した。

「男の子らしくないわたし」だったからこそ、敏感になれたテーマもある

自分に「男の子」であることを要求する周囲のまなざしの中には、自分の本然とそぐわない荷厄介なものを、わたしは感じ続けていた。特に、男の子としての「たくましさ」を要求されるような場面では、まったくついてゆけないものを感じ、体育の男子専用の種目（野球など）については、できれば免除してほしい、勘弁してほしいという気持ちしか感じなかった。

ところで、社会学者が「ジェンダー」という言葉を用いる際には、それは「性別によって分けられているヒトの生活習慣や行動規範のうち、生物学的必然によってではなく、社会的、文化的、歴史的事情に規定されて決まってくる部分」のことで、文化圏や時代が異なれば異なって少しもおかしくない流動的なものというのが、議論の前提になっている（言葉の定義上、そうであるような部分だけを「セックス」とは区別して「ジェンダー」と呼んでいるのだ）。この意味での「ジェンダー」と、医学的な性科学でいう「ジェンダー・アイデンティティー」とは本来別の話で、後者は、自分が男女どちらの性別集団に帰属感をもっているかという（あるいは、双方の中間であるとかいう）、生まれつきの〔注二〕心のあり方のことを指している。両者は言葉の定義自体が違っているのだから、「ジェンダーは社会的、文化的、歴史的に規定されて決まってくるものゆえ、それを生得的なものと理解する性科学の「ジェンダー・アイデンティティー」論は誤りである」とかいう批判は意味をなさない。両者を混同しないようにしたい。

ただ、これら二つの意味の「ジェンダー」についての問題意識には、重なり合う部分もある。「性同一性障害（性別違和）」の人は、自分のもつ性科学的な意味での「ジェンダー」が、自分が生まれたときの身体の特徴にもとづいて指定された性（身体の性）と不一致になっていることで悩む。そういう人の場合、「その「身体の性」のゆえに社会的に要求されてくる「性別役割」が、（自分の「心の性」からみて）反対の性の「性別役割」であること」を通じて、疾患にともなう違和感の度が強まるため、おのずと、社会学的な意味での「ジェンダー」の問題にも敏感になるものだ。わたしも、思春期に入ってまもなく、その種の「敏感さ」が発現するようになった。中学三年のころからだった。

たとえば、男性がやれば別に何とも思われないことでも、女性がやってうまくできると「女だてらに」という「褒《ほ》め言葉」で讃《たた》えられる。確かに当の本人を褒めてはいるようだが、それは女性一般を男性より劣るものとみなす偏見と表裏一体になっている。二十代半ばを迎える独身の女性が何か専門的なことを身につけようと努力していると、彼女の努力を讃える言葉のあとに必ずといってよいほど付け加えられるのは、「それはそうと、結婚はどうするんだ?」という、せっつくような決まり文句である(少なくとも一九六〇年代にはそうだった)。

男性の場合も二十代後半になると「そろそろ結婚でもしたら?」と周囲から勧められることはあるが、それは「いつまでも独身でいたら生活が何かと不便だから、心置きなく仕事に励むためにも、奥さんをもったほうがいい」という理由のもとにだ。女に向かって「心置きなく仕事に励むために」と言って結婚を勧める者はいない。「女の結婚はクリスマスケーキ。二十五の声を聞くと値が下がる」というへたなギャグ(現代では、これはセクハラ発言)が問わず語りに言っているように、「そうしないと嫁《ゆ》き遅れるから」というのが最大の理由だ。そして「女だてらに」けなげな努力をしてきた女性が、三十代前半でひと仕事やり遂げて高い評価を得たような場合、それを褒める声の陰で「女としては不幸だよね」などとひそひそささやく声が聞こえてくる(これも「一九六〇年代には」という限定つきの話ではあるが)。そういう女性が業績を挙げられるのは、独身を貫いてこそというのが世間の相場となっており、道の途上で「仕事での業績をとるか、結婚をとるか」を迫られた女性が、せめて自分だけは両立を図ってみようと大冒険に出ても、周囲の環境の厳しさから、第一子誕生と同時に、あるいは夫の転勤などを境に、仕事をあきらめざるをえなくなったといった例は、しばしば聞かされるところだった。

彼女らの仕事面の指導をしてきた男性の指導者は、「せっかく前途有望と思って育ててやっても、女はこれだから……」と失望感を表明するかたわら、本音では「しかたがない。しょせん女だったんだから」と、ある程度、納得もしている。現に彼自身、「奥さん」という女を家庭に置いて、「内助の功」の恩恵に浴することで今の地位を築いてきたという事実がある。女性の過半数が職業人として本気になり出したら、内助の功の担い手が足りなくなって世の中がうまく回転しなくなると、経験的に知っている。専門的職業分野で男と張り合えるような女は、いてもかまわないけれども、あくまで例外的ケースにとどめておかれるべきだと、本音では思っている。

「こういうのって、変じゃないか?」と、わたしは感じたものだ。「男の甲斐性《かいしょう》」とかいう言葉が、自分には生まれつき釣り合わないことを感じると同時に、そういう言葉を生み出している現下の社会の問題性にも、おのずと目が開かれるということだ。これはわたしにとっては自然なことだった。しかし、「そんなんなら、ボクは結婚なんかしないでいい」とか、「対等に話せる職業婦人となら結婚してもいい」とかいうことをわたしが言い出したとき、父はその動機がまったく理解できず、「そういう自分だけの意固地な考えにこだわるのは、社会性に欠ける偏屈者だ」

というような批評しかしなかった。

〔注一〕性科学での「ジェンダー・アイデンティティー（性自認）」の概念をジョン・マネーが最初に提唱したときには、要約すると「自分自身を男性または女性として認識すること」とだけ述べていて〔ジョン・マネーほか著／朝山新一ほか訳『性の署名』（人文書院）一七ページ〕、「生まれつきの」という限定は付していなかったのだが、マネー自身の「性自認の後天説」が崩れたことにより、結果的には、現代における性科学の意味での「ジェンダー・アイデンティティー」は「生まれつきの」ものを指すようになった。

少女漫画で知った対馬丸事件

話は少し飛んで、わたしがサラリーマン生活を送った二十四〜二十七歳ごろのことに少し触れておく。就職については前述したが、その職場に蔓延《まんえん》していた「つきあい残業」という悪習と、その背後に厳然とわだかまっている、まるで戦前の社会ではないかと思えるようなジェンダー・バイアスにわたしは辟易《へきえき》した。その職場では、女子職員は定刻に帰宅してよいが、その時刻を過ぎてからこそが「本物の仕事の時間」であり、男子たるものは、その「男の時間」の中で、課長が腰を上げるまではつきあって、仕事があってもなくても職場に居続ける忍耐力を身をもって示すことが、出世の試金石……みたいな暗黙の合意があった。

「男は新婚三か月は、夜十時以前には家に帰らないようにしろ」とかいう不文律が戦前以来存在するのだと、ひそかに聞かされた。その心は「そうすれば、妻が「わが夫の仕事というのは、それほどまでにして尽くさねば勤まらない大変な仕事なのか」ということを肝に銘じるようになり、その後の生活で多少早く家に帰ってやれば、それが午後八時ぐらいであっても妻はむしろ感謝するようになり、「夫の帰宅が遅い」とか文句を言って足を引っ張る「悪妻」にはならないから、後顧の憂いなく職場に貢献できるようになる」というのだ。それを「躾《しつけ》は最初が肝心」と表現した管理職もいた。

ああ、こりゃあいったい、いつの時代の話なのか！

そういうわけで、就職して一年半後、わたしは早くも、「大学教師を目指す方向で人生再出発しよう」と決めて、どの大学のどの先生のところへ行くかも、ほぼ計画を立て終えた。あとの一年半は、そんなことはおくびにも出さないように、雌伏《しふく》して過ごした。

そんな「サラリーマン社会＝男社会」の息苦しさの中で、おのずとわたしが傾斜したのは、自分の内なる女性性をみつめ直すことだった。初めて婦人物のワンピースを思い切ってデパートで買ってみて（仮装行列にでも使うかのようなふりをした）、友達の別荘で過ごした休暇のときに着て楽しんだのも、そのころだったし、自分が体験できなかった「少女時代」を遅ればせながら擬似的に体験する目的で、毎月『別冊マーガレット』を買って愛読したのも、そのころだった。当時の少女漫画は、絵だけ美しくて中身は他愛もないものが多かったのだが、そのことはどうでもよく、「自分も今、少女時代を体験しているんだ」と感じること自体に意義をみいだしていた。

他愛もない少女漫画の中にも、いい情報をもたらしてくれるものもあった。木内千鶴子という
かなり古参の作家の作品だった。彼女の作品はいつも少々窮屈な説諭調を含んでいたが、大人の目からみて、けっこう参考になる作品も多かった。年齢は公表していなかったが、作品のところどころにかいまみられた戦前的な言葉遣いや、一九五七年デビューということから、敗戦時に十歳前後だったと思われた。わたしが、沖縄からの学童疎開船が撃沈されて多数の犠牲者を出した対馬丸事件（一九四四年八月二十二日）について初めて知ったのは、彼女の『ああ七島灘《しちとうなだ》に眠る友よ！』（『デラックスマーガレット』一九七五年夏号掲載）という作品を通じてだった。今は那覇市に対馬丸記念館もできて、修学旅行で訪れる子どもも多いだろうが、あの当時は、沖縄の戦争といえば「ひめゆりの塔」ばかりが有名で、対馬丸の話はほとんど取り上げられなかったのだから、木内千鶴子さんに大いに感謝、である。

サラリーマン時代の三年間のあいだ、わたしが息抜きに文通していた、多分にフェミニスト的な思想の女友達が一人いた。わたしのほうはある程度恋心があって文通を申し込んだのだが、彼女のほうにはまるっきり「その気」がなかった。遠距離だったこともあって、純然たるペンフレンドに終わったが、彼女から知的影響は大いに受けた。

文通のしょっぱなから彼女は、所美都子《ところみつこ》という、若くして亡くなったお茶の水女子大学大学院生の遺稿『わが愛と叛逆』（前衛社）のことをもち出し、所美都子がその遺稿に引用していた女性史研究家・高群逸枝《たかむれいつえ》の詩を引用してきた。わたしは、その所美都子の遺稿はすでに読んでいて、

さして高く評価もしていなかったのだが、高群逸枝のほうは、日本のフェミニストのあいだでは評価の確立している有名人だから、その著書『女性の歴史』(講談社文庫)をまだ読んでいなかったのは不覚だったと思い、彼女と話題を合わせるために、あわてて買って読んだものだ。

彼女にあるメッセージを送りたくなったとき、わたしは、直接言うのがはばかられるので、木内千鶴子の漫画作品を集めて単行本化した本を送ってメッセージがわりにした。そうしたら、「あなたはこんな保守的なものを読んでるんですか!」と言いたげな、ちょっと見下したような筆致の返事が来た(ケラケラ笑うような感じで、けっして悪意はなかったけれど)。彼女のようなフェミニストからみると、当時の少女漫画全般が、「男にキャッキャと憧れるだけの、御《ぎょ》しやすい女を作り出す目的の、ステレオタイプ化した男社会の武器」としかみえなかったのだろう。もちろん、それはそれで、意見として悪くはないと、わたしも思う。

なお、「フェミニスト」という言葉は、本来は戦前の日本で使われた「女権拡張主義者」と同じ意味で、差別と闘う女性側の主体を指す言葉だ。しかし日本に輸入された当初、誤解されて「レディー・ファーストの騎士道精神を身につけた、ご婦人に対して丁寧な態度をとる紳士」を指す言葉にされてしまった。それはおかしいということを最初に指摘したのは磯野富士子という人で、一九六〇年四月に『朝日ジャーナル』に載せられた彼女の「婦人解放論の混迷」という論文は、そのことで有名だ。さらにもう一点、「主婦労働は(マルクス経済学の意味での)価値を生むか否か」をめぐる論争の発端となったことでも、その論文は有名なのだが。一九七〇年ごろから

「フェミニスト」は徐々に日本でも本来の意味で使われるようになったが、わたしが前述の女友達と文通していたころは、まだ両方の意味が混在していた。なお、「婦人解放論の混迷」は、その後、上野千鶴子編『主婦論争を読むⅡ』（勁草書房、一九八二年）に収録されて、今でも古本市場では簡単に入手できる。

女装交際誌『くい〜ん』を愛読したころ

さて、サラリーマンを辞めて神戸大学大学院で勉強をすることにしたわたしは、六年間神戸に住んでいた。お見合いをしたのは大学院の博士後期課程二年目の終わりごろで、あと一年すれば愛媛大学の専任教員として採用されることが内定していた。当面奨学金と高校生相手の補習教室の講師の収入で食いつなぎさえすれば、あとは一人前の「甲斐性」がもてるという立場だった。だからこそ、相手もわたしの釣書《つりがき》をみて顔を合わせてくれる気になったわけだ。そのようにして、赴任先まで「いそいそとついてきてくれる」「奥さん」を得て、世に言う「一家のあるじ」の地位を経験する機会を得た。そして、いちおう二人の子どもを授かることもできた。セックスはうまくなかった。つれあいのほうも、子どもを二人授かったら、もうセックスなんて余計だと考える人だったため、お互い早めにセックスは卒業してしまった。

そんな中でのことだ――わたしが再びみずからの内なる女性性をみつめるようになっていった

のは。

それは、第一子を授かったあと、三十四歳のときだった。夏休み中にしばらく家族と離れて、著述に集中するために高原の宿で過ごした。一人で過ごす夜に、あれこれと思い出されることがあった。五歳のときから「男の子の遊び」に加わることが困難で、股間の変な「竿」がなければいいのにと思ったこと、二十代半ばで「少女時代」を擬似体験するために『別冊マーガレット』を愛読したこと、婦人物のワンピースを着て友達の別荘で過ごした夏の日が楽しかったこと、ワンピースの上にエプロンも着けたら、ふしぎと家事が苦にならなかったこと、など……。

すると、「今のつれあいとの仲にまったく不満はないけれども、つねに男性として女性に相対《あいたい》さねばならない点だけが、ちょっと不本意だ。もし自分自身も女性であって女性と交流しているのなら、交流をもっと自然なものにすることができるし、「女性性」というすてきなものを相手と自分の中に二重にみいだせるんだから、二倍楽しいだろうに……」などと思えてきて、「女である自分」を心の中に思い描いて、夜の闇の中で身をよじりながら悶々とした。

こういう心理って、当時は同性愛などとともに十把一絡《じっぱひとから》げに「変態性欲」と呼ばれて、表明すべきものではないとされていたから、わたしは公生活に戻ったときには、そんなことはおくびにも出さないようにしていた。が当時、東京・浅草にあった女装サロン「エリザベス」が隔月刊で出していた女装交際誌『くい～ん』が、そういう心のもち主の期待に応える情報を多く掲載していることを知って以後、三十代半ばでは『くい～ん』を心のオアシスにするようになった。

当時の『くぃ～ん』の読者層には、自分がはっきり男性の心をもっていることを重々自覚しながら趣味として女装を楽しむという人もいれば、同性愛傾向であるがゆえに男性の歓心を引きやすくする目的で女装するという人もおり、今ならば性同一性障害（性別違和）との診断を得て性別適合手術を希望するであろうような人もいた。そういう多様なタイプの人が読者層を形成していることは、毎号巻末に載せられている「求友メッセージ」欄の写真と文章をみることで、よくわかった。

かなり多数を占めていたのは、「別に男性とセックスしたいとは思っていないが、女装で街を歩いたり旅行したりすると、ネイティブ女性との心理的距離が縮まって、友達感覚で悩みを聴いてあげたりできるので、男装でいるときよりも交友の幅が広がり、それが楽しい」という気持ちを表明する人だった。

「そうそう、わたしが初めてワンピースを着たときもそうだったけど、男性の身体で生まれている者が女装するときに心の中を占めている関心事って、別にだれをセックスの相手として魅惑しようとかいうんじゃなくて、基本はこれなんだよねぇ」と、わたしには思えた。そして実際、そういうタイプの人の女装は、非日常的なケバケバしいものではなく、ネイティブ女性のさりげない普段着に近いもので、若くて骨格が華奢《きゃしゃ》な人の場合は、女性ホルモンなど摂取していなくても、かなりネイティブ女性っぽくみえる人もいた。

私の心の中で、「女装（または性転換）＝オカマ＝男性同性愛」という、なぜか世に流布している陳腐な図式をくつがえしてやりたいといった、まことに理性的な衝動が、ぐんぐん頭をもたげてくるのを感じた。

小説『アクアマリン』に描いたMTFレズビアンの実像

私が三十代後半で小説らしきものを書くことをおぼえたとき、二、三の習作の後にすぐに取り上げたくなったのがこのテーマであり、満三十八歳になった一九八七年に、その「百パーセント理性的な衝動」に突き動かされて一気に書き上げた作品が、愛媛県北条市の文芸同人誌『アミーゴ』第十七号(一九八八年九月刊行)に秦野純一というペンネームで発表した『アクアマリン』という小説だった。

それは、書かれたリアルタイムの時代である一九八七年を起点にして回顧するかたちで、現実の日本社会の歴史的時間と整合するように各事件を配置しながら、一九八四年の夏の二人の主人公の出会いから始めて、秘められた過去へとさかのぼり、一九八七年五月までの「二人のその後」を追ったものだ。一方の主人公である「秘められた過去」を手紙で告白する女性が性転換女性、すなわち今の言葉でいうMTFであるという設定にした(同人雑誌への発表が初稿執筆の一年後となったため、掲載稿では作中での「現在」を一九八八年へと変更した)。あらすじは以下のとおりである。

37歳のわたし（1986年）

一九六六年二月に兵庫県南部で生まれた村山譲治は、愛媛大学医学部に入学した一九八四年の夏、愛媛県東宇和郡野村町の大野ヶ原の宿に避暑に行って、風景画を描いている四歳年上の女性・兵頭《ひょうどう》千春に出会った。

千春に強く心を惹かれた譲治だったが、彼女の指にはアクアマリンの婚約指輪が嵌《はま》っていた。別れたあと、譲治はあこがれに心をかきむしられながらも、永遠の友達として、姉のように千春を慕い続けることを心に誓う。しかし、その後文通を続ける過程で、千春の過去についての意外な告白を読まされることになる。

一九六二年三月に愛媛県北宇和郡の過疎地に生まれた千春は、男の子として生まれたにもかかわらず、女友達としか遊べない子に育ち、父親の事業を継ぐ道には耐えられず、絵の道へ進もうと上京した。浪人生としての一人暮らしの中で女装の楽しさに目覚めるが、浪人二年目に入った春、「ゲイバー」での女装者との交流の中で、シンガポールへ行けば性転換手術が受けられることを知った。心の内を嵐のように駆けめぐり始めた狂おしい衝動に突き動かされた千春は、借金をして願いを叶え、術後、「ああ、これでよかったのだ」という深い満足感と安堵感に浸ったが、彼女を待っていたのは「男性に体を売る」しか職がないという現実だった。

そんな中で千春が気づいたのは、自分は「同性としての男性」に性的に惹かれる同性愛者ではなく、また、「心がもともと女だから「異性としての男性」を好きになる」というタイプでもないということだった。

父から勘当されて借金返済の道が遠い中、「ゲイボーイ」として体を売るよりはネイティブ女性になりすまし、「女性の売春婦」として身を売るほうがまだしもましだと感じた千春は、しがらみのない神戸へ行って、百パーセント女性としての生活を始める。

その後、母親のとりなしでようやく勘当を解いてもらった千春は、売春稼業から足を洗って絵の道に進み直すことにしたが、東京に戻っての新たな生活の中で、国際政治学を専攻して新聞社で活躍することを目指している一歳年上の大学院生・吉川和恵と出会い、彼女を心から尊敬し、好きになってしまった。

千春は、男性の身体を捨てた自分が女性を愛することが許されるかと悩み抜いたが、女性に惹かれる自分を否定できない。だが幸運なことに、和恵は千春を同性の友達として受け入れることができるだけでなく、性的に愛することもできる女性だった。千春は自分が生まれは男性だった性転換者であることを告白して、和恵から友情には変わりがないと受容してもらえただけでなく、女性どうしとしての愛の告白も受け入れてもらうことができた。こうして二人はためらわずに結婚を決めた。

……以上のような千春の生活史を手紙で告白された譲治は、「まもなく男性と結婚する予定の女性だと信じていたからこそ、自分は彼女への恋心を懸命になって自制していたのに……」と思うと、割に合わない自制を強いられて裏切られたとの憤りを覚えてしまい、千春の結婚を祝福する気持ちにはなれないまま、彼女との文通を途絶えさせてしまった。

それから二年あまりの後、譲治は衝撃的ニュースに接することになる。

一九八七年一月、「愛媛県宇和島市内の病院で最近死去した女性が、死去の直前にエイズと診断された。当人には神戸で売春をしていた経歴もあった」〔注二〕とのニュースが日本中を震撼《しんかん》させた。その患者の性別について、報道が二転、三転する異常な混乱があった。最終的には「当人は性転換手術を受けた元男性であり、神戸では完全な女性になりすまして一般の異性愛の男性を相手にして売春をやっていた」というのが正確な事実だと判明した。さらに五月には、「彼女」は女性になりすましての売春稼業まで務めたあと、戸籍の性別が男性であることを利して、女性を相手に正式に結婚をするという離れ業までやってのけていた、とのニュースがセンセーショナルに流された。週刊誌はこぞってこれを興味本位に取り上げ、日本初の女性エイズ患者であるだけでなく、「ホモ・レズ両刀使い」の第一号でもある〔注三〕などと書き立てた。

千春のセクシュアリティーはそんな陳腐な記述で描写できるものではないことを彼女の手紙で知っていた譲治は、週刊誌の記述に深い憤りを覚えた。翌日、思い出の大野ヶ原を訪れた譲治は、三年前の千春の清々しい姿を偲び、彼女の差し伸べてくれた友情の絆《きずな》に報いきれなかった自分の未熟さを痛恨の思いでかみしめながら、自分こそは精神科を専攻して、あの千春のような心をもった人々を真に救える医師になろうと、決意を固めるのだった。

この小説は、人生のありのままの姿を描くという文学の王道に照らした場合には、描写がうすっきれいすぎて人工的なところがあったので、わたし自身、「文学として高い評価を受けてしかるべきもの」とは思っていない。木内千鶴子の漫画に感銘を受けるセンチメンタルな「文学少女」だったわたしの、弱点まる出しという部分が多かったのだ。

また、話をドラマチックに結ぶために兵頭千春に「日本初の女性エイズ患者」という「栄誉」まで担わせてしまったのは、三文小説にありがちな作為性のにおいが強くて、作品のリアリティーを大きく傷つけてしまったかもしれない。

実際、文通していたフェミニスト〈お互いが結婚したあとも、ときたまの手紙のやりとりは続けていたのだ〉にこの作品を送って読んでもらったところ、ジェンダー問題についてはわかるが、それとエイズの話を結びつけることには必然性がないのでは、という意見をくれた。

〔注二〕史実のうえでも、日本初の女性エイズ患者確認が報道されたのは一九八七年一月であるが、確認場所が愛媛県宇和島市だったというのは虚構である。

〔注三〕「ホモ」は「ホモセクシュアル（男女を問わず同性愛者）」の最初の二文字をとったものだが、日本では男性同性愛者の意味で使われていた。現在では差別語。「レズ」は「レズビアン（女性同性愛者）」の最初の二文字をとったものだが、ポルノ業界で多用されたため、当事者からは歓迎されず、現在では差別語。あとの三文字をとった「ビアン」という略語は、当事者も胸を張って使っている。

小説『アクアマリン』の反響

この作品は、一九八八年十月二十四日の『毎日新聞』に載った川崎彰彦さんの同人誌評《西日本》と、『海燕《かいえん》』一九八八年十二月号の牧野掌一さんの同人誌季評で紹介・批評されるという栄誉を賜った。前者の簡潔で好意的な紹介と、後者の、長文にわたるがかなり採点の辛い批評を引用する。

（川崎彰彦さん）

秦野純一「アクアマリン」（アミーゴ17、北条）は、性転換のあと、売春を余儀なくされ、その後、女性ジャーナリストと結婚するが、エイズで死んでいった「女性」のことを、多様な生き方の一つとして、真摯な理解を示しながらつづったものである。旅先で知り合った大学生の手記と本人の手紙で構成する形式が成功している。

（牧野掌一さん）

秦野純一「アクアマリン」（「アミーゴ」17号、北条市）は、三部からなる一七〇枚ほどの力作である。愛媛大の医学部に入ったばかりの少年が、夏期休みに、愛媛の高原地帯にやって来る。そこで彼は、風景画を描いている年上の女性とめぐり合う。少年の性格は、純粋で汚れなくすくすくのびた感じであり、女性との会話にも、その知性に尊敬を抱く素直さがある。当然恋の芽生えはあるが、彼女はアクアマリンの結婚指輪をしている。永遠の友、姉のように慕おうと彼は決心する――作者の文章は、この少年に相応しいリズムを持ち、淀みという点では、一個所としてもそれをみせない流麗さである。だが、このあたりまで読んで来ると、すでに予感めいたものを、この作品はのぞかせて来る。それは、この少年の先に待ち構えるものが、決して純文学的世界の展開ではなく、かなり意外なものではないか、ということである。屈折を持たない少年に、純文学的屈折は似合わない。果せるかな、度重なる手紙のやりとりのうちに、彼女が告白したのは、性転換をはかった元は男性であり、婚約の相手は、新聞の女性記者だ、という事実である。少年の性格とこの事実を重ねたとき、そこに見出すのは、小説というよりは漫画の世界である。挙げ句、彼女がエイズとなって没するとなれば、それに輪に輪をかける。作者はきっと、若い人ではないだろうか。漫画を否定する積りはないが、文学との距離は知るべきである。救いたい部分もあるにはあるが、大勢は動かない。文章から推して、才能は感じられるだけに、文学としての見直しを切に希望したいところだ。

牧野掌一さんには、ひとまず「ごもっとも」と申し上げたい。奇をてらった「エイズ」の話が作品を台無しにしていることは、わたしも認めるにやぶさかではない。

ただし、「性転換をはかった元男性」が、周囲にそうと気づかれないほどちゃんと女性に見えたという部分について「奇をてらっている」とか「漫画だ」とかお思いになったのなら、それは当時の世間の認識の限界だ。当時、性転換した元男性と言えば、テレビのバラエティー番組がそういう人々をしばしば笑いのネタに取り上げていた関係で、「ゲイバーのママ」のような、「わざとらしい女装」と「ハスキーなオカマ声」を特徴とする、一見しただけで「元男性」とバレバレな人間というのが相場となっており、それがネイティブ女性と同じに見てもらえるはずがないと考える人が多かった。が、わたしは『くい〜ん』を通じて、十代から「性転換」に果敢に挑んできた人の中には、「男の女装」などとはとても思えない自然さを獲得している人もまれではないことを知っていたから、そうであるとおりに描いたのである。

また、みずからを女体に変身させるほどまでに「男性」であることを嫌って「女性」であろうとしている者が、好きになる対象はあくまで女性だと告白する点を、奇をてらった話と受け止めるのも、当時の世間の認識の限界だ。MTFの中にかなりの割合で「MTFレズビアン」がいることは、今ではこの方面の情報を少し学んだ者にとっては常識である。

わたしの『アクアマリン』は、発表するのが三十年早かったのだ！

わたしが訴えたかったキーポイントは、「心の性」に忠実に生きたかった兵頭千春が、一大決心のもとに「性転換手術」を受け、人生の活路をみいだしたにもかかわらず、世の中の彼女に対する理解は「男性に媚びを売るために性転換した同性愛者」という陳腐なものでしかなく、彼女を受け入れる就職先は「ゲイバー」しか用意されていなかった〔注四〕という社会環境のお粗末さであり、また、「女性を恋い慕う性転換者」という彼女の心の立ち位置をまったく理解できない社会通念の狭量さ、ということだった。

このキーポイントに関するかぎりは、別に、徒《いたずら》に奇をてらってみせ、読者の意表を突こうとしたのではない。兵頭千春の心のあり方は、わたし自身の心のあり方そのものであって、だから、わたしは何の資料もなしで、自分の内面をしっかりみつめるだけで、第二部の「兵頭千春の手紙」を、すらすらと書き下ろすことができたのだ。

この作品が同人誌に掲載されたとき、大手メディアでの批評とは別に、仲間内の「合評会」での批評も頂戴したが、その中には、「男が化けた女なら、もっと妖艶《ようえん》な雰囲気を漂わせているはずだ。それが描けていない」というのがあった。が、それは、実際のトランスジェンダーの人々の姿を知らない人の言うことなのだ。

というわけで、わたしにとっては、この小説ほど素直に自分自身をさらけ出して描いた作品はない。

『アクアマリン』の初稿をワープロで書き終えたとき、わたしはそれをプリントアウトしたものを簡易製本して、当時七十六歳で健在だった父に贈った。しばらくして「あの話はじつに面白かったし、ありうることだと思った。ぜひいい出版社をみつけて世に出すように」との電話をもらった。小さいときから男の子らしくなくて、中三のときから男女の地位の現状について文句を言い始め、せっかくいい就職口に恵まれたと思ったら三年で辞職して大学院に行くなどと言い出した息子が、内心にひそかに抱いていたのはこういう世界だったのか……と、大いに納得のいくところがあったに違いない。

〔注四〕なお、わたしは一九八〇年代には東京には住んでおらず、東京での風俗産業の実態については、必ずしも十分な知識はもっていなかった。したがって小説『アクアマリン』の中では、「ゲイバーとは、サービスする側もされる側も男性同性愛者であるようなバーであり、接客側は女装するものと決まっている」かのように描いた。しかし、本書を準備する段階で当時の東京とりわけ新宿二丁目あたりの風俗を知る人から寄せられた意見によると、「当時すでにゲイバーと女装バーとは棲み分けが進んでいて、「男性同性愛＝女装」という図式は当事者のあいだでは素人考えとみなされていた」とのことである。これが正しい情報であるか否かは、今のところ、わたしには確かめるすべがない。

第六章　「ジェンダー」について考えた

児童文学『ホームステイの異星人』との出会い

第一章に書いたように、わたしはイタリアの児童文学作家ビアンカ・ピッツォルノとは長年にわたって文通している。作品を通じて彼女の名を最初に知ったのは一九九三年夏、イタリア児童文学作家名鑑で住所を知り、最初の便りを出したのは一九九五年秋のことだった。

彼女に対して、作品の愛読者という域を超えて直接の交流ももちたいと思うようになったのは、わたしが最初にめぐり逢った彼女の作品が、ジェンダー問題をテーマとする児童文学で、ドンピシャリとわたしの関心に合致するものだったからだ。第一章でも触れたように、その題は『ホームステイの異星人』である。

イタリア語は、わたしが英語以外に勉強した外国語としては、ドイツ語、フランス語につぐ三番目のものだが、結局、長続きしたのはこれだけで、わたしが胸を張って「勉強した」と言えるほどの外国語は、英語とイタリア語だけである。

もっとも、二十歳から二十一歳にかけて、最初の一年で『クオレ』の中の「難破船」や「母をたずねて三千里」や『新約聖書』を対訳で読めるレベルまでは達したものの、以後、身を置いた場所がイタリア語とはあまり縁のない場所ばかりだったため、長らくご無沙汰していた。愛媛大学での地位が安定し、人生のいろいろな課題が一段落した満四十二歳のとき、ＮＨＫのラジオとテレビでそれまでなかったイタリア語講座が開講されたことを知った。それならば若いときの夢に再挑戦し、イタリア語で国際交流ができるぐらいになってやろうと、心に決めた。折から、東西冷戦の終結を受けて英語一極集中が強まってしまった中で、時流に流されずに歴史あるヨーロッパ文明をより広い視野でとらえ、英語では得られない情報にアクセスすることは、心のバランスのためにも有意義なことだと思った。

そして二年後、せめてひと月ぐらいは現地に行って、ナマのイタリア語が話されている環境に身を置いてみたいと思ったわたしは、貯蓄をはたいての「自費研修」として、夏休み中だけの「語学留学」をすることにした。

その準備を進めていた一九九三年の七月初頭、東京・高田馬場のイタリア語書籍輸入専門店「文流」で、「今の自分でも何とか食いつける、平易な本はないかな？」と物色していて、児童文学の棚で『ホームステイの異星人』をみつけた。ＳＦの一種のようだが、外面的な冒険談ではなく、「男の子らしさ」、「女の子らしさ」についての考えが地球人と異星人とのあいだで食い違うことによって起こる悲喜こもごもの人間模様を描いた作品らしいとわかった。対象とする読者層としては小学校五年生以上を想定している。作者のファーストネームは「白い」という形容詞の女性形だから、明らかに女性だ。

現在、この作品はイタリア児童文学の古典として、豪華版からポケット版まで、さまざまな版型で出版されているが、当時はまだ、初版時（一九七九年）の単行本のかたちを受け継いだもの

フィレンツェ滞在中のわたし（1993年）

だけだった。

「なるほど、今の時代だから、児童文学の中にこういう本があっても少しもふしぎではない」と思うと同時に、テーマが自分の関心に合致するものであるから、さっそく購入し、語学留学に旅立つ七月三十一日までに読み通すよう、努力しようと思い立った。もっとも、当時のわたしの学力では、辞書を引かねばならない箇所が一ページに二十か所ぐらい出てくるありさまで、七月末までには半分ぐらいしか読めず、スーツケースに入れてフィレンツェまで持参する破目になった。

フィレンツェでホームステイして「リンガビーバ・フィレンツェ校」に籍を置いたわたしは、この本を読む速度は日増しに早まり、二十日足らずで残りの半分を読み通すことができた。と同時に、毎日自由時間にはフィレンツェ市内のいろんなところを歩き回り、語学校とドゥオモ（サンタ・マリア・デル・フィオレ大聖堂）の中ほどにあるフェルトリネッリ書店の売り場にも入ったわたしは、同じ著者の本を二点、その後それぞれ『ポリッセーナの冒険』および『あたしのクオレ』の邦題で翻訳出版された本の、出版されてまもない原書をみつけた。「この作家は、どうやら目下活躍中の人気作家らしい」と思い、両方とも買って帰ることにした。

日本に帰ってからのわたしは、この作家の作品を少し集中的に読んでみることにした。『ホームステイの異星人』にしても『ポリッセーナの冒険』にしても『あたしのクオレ』にしても、ストーリーの展開が面白く、読者を引きつけてぐんぐん読ませる迫力があるだけでなく、文体がきわめて整然として理性的で、外国人が標準的なイタリア語を身につけようとする際の教材としてはまさに打ってつけの作品群だった。『ホームステイの異星人』よりもさらに平易な、小学校三、四年生向きの作品もあって、そうしたレベルの代表作『青空からのクロロフィラ』は、イタリア語を学び始めて二年ぐらいの学習者が容易に食いつける本として、その後のわたしが、「文法をひととおり終えたら、この本を読むのが断然いいよ」とみなさまにお勧めするイチオシの本となった。二〇一八年三月にカトリックの洗礼名を授かるときに、この本の中で活躍する元気のいい兄妹の名前を拝借したことは、前述したとおりである。

『ホームステイの異星人』のあらすじ

『ホームステイの異星人』は、著者が別の本『わたしのお話のお話』（本邦未訳）の中に書いているところによると、一九七〇年代の初期に原稿が書かれ、しばらく出版社がついてくれずに放置されていたのが、数年たってようやく理解ある編集者の目にとまって、一九七九年に出版されたものだそうだ。そういうわけで、欧米でも日本でも二十世紀フェミニズム運動の第二波（アメリカでwomen's liberation、日本でウーマン・リブと呼ばれた）が盛り上がった直後に書かれたもので、その時期の社会の雰囲気が反映されている。

ＳＦ的仮構として、白鳥座のデネブ星と地球とのあいだですでに超光速の交通が可能になっていて、デネブ星の人類と地球人とのあいだで交換留学生の制度が成立していることになっているが、それ以外の環境設定は一九七〇年代のイタリアそのものだ。文明の利器の発達の程度は、宇宙船関係を除けば、自動車にせよ家庭電化製品にせよ、執筆された時代の現実から一歩も外へ出ていない。だからこれは空想未来小説ではなく、現代小説なのだ。現代の地球人の男女関係を社会的に規制している価値観の枠組みを忠実に描写したうえで、性別不詳の異星人がこの枠組みを押しつけられたときに感じる困惑と悩みを通じて、この社会の問題点を明らかにしてゆくところに、作者の意図がある。あらすじは以下のとおりである。

デネブ星と地球とのあいだは超光速宇宙船では二十二時間で往き来ができる。ただし、航路が二つの星をうまく結んでくれる機会は十年に一度しか訪れない。十年に一度だけやってくるデネブからの宇宙船は、すぐに帰る旅行客と、十年間滞在する交換留学生とを乗せてくる。デネブ星人は地球人と外見がよく似ているが、寿命が長く、五十年で性的に成熟する。このたびデネブ星からきたモーは、年齢が二十九歳。地球人でいえば九歳か十歳に相当する。デネブ星人は、性的に成熟する以前は、将来男性になる子も女性になる子も身体的にはまったく差異がなく（遺伝子レベルではどちらかの性に決まっているのだが、第一次性徴というものがない）、親もわが子の性別にはまったく無関心である。教育上の関心は、ただその子の個性を生かすという点にのみ向けられている。モーの両親は、モーを十年間ホームステイで地球人宅に預ける約束で連れてきて、自分たちはすぐに帰っていった。

モーの里親となったオリヴィエーリ夫妻は、モーの性別がわからないことには育てる方針が立てられないと考え、血液検査でモーの遺伝子レベルの性別を調べてもらおうとした。しかし、研究所で応対に出てきたジル博士（デネブに留学していたことがある）は、その検査の専門家がアフリカに出張中なので、三週間しないと結果は出せないと言って、モーの採血だけをして彼らを帰した。

しかし三週間後、その専門家が当分アフリカから帰れない事情が生じて、モーの性別を生物学的に判定できる人は当分得られなくなってしまった。

それでも性別の判定が必要と考えるホストマザーは、高名な心理学者を訪れ、モーの心理テストを依頼した。モーが示した反応は「男女どちらの特性とも識別不能」と判定された項目が多かったのだが、複数の心理学者が協議して、それらは「独創性と、おしきせの枠組みに満足しない創造的な対応」であるから「典型的な男性的資質を表現するものだ」と解釈し直すことにし、その結果「被験者は男性である」との判定を下した。

以来、モーは地球の男子校に通うことになった。地球とは重力の異なるデネブ星の生まれであることが原因で、モーは体格の割に筋力が強く、「男の子」としての評価は高かった。それと同時に、デネブ星の社会環境——性別にかかわりなくだれでも自分の個性に合った職業をもち、他人の身の回りの世話を専門とする「主婦」というものは存在しないという環境——のもとでの生活習慣を身につけているので、ホストマザーが不在のときでも、周囲の男たちの当惑をよそに、家の中の仕事を主婦同様にこなして、不都合なく暮らすことができた。

地球人の自分に対する反応にしばしば戸惑いながらも、モーはそれなりに同級生たちの信望も勝ち取り、滞在歴が三年に近づいたころには、悪ガキの冒険ごっこグループで親分の地位に就いたりもした。

ところがそのころになって突然、遺伝子鑑定の専門家が研究所に戻ってきて、凍結されていたモーの血液を検査し、モーは女性であるとの結論を出した。知らせを受けたモーは、しばらく戸惑った後、思い返した。「何も、自分という人格が変わったわけじゃない。自分はもとのままの自分だ」と。しかし、地球人の社会では、この判定の逆転は、あらゆる面での生活の様式を変えることを意味していた。モーは女子校で新たに得た友達とのあいだで男子校では得られなかった種類の友情を育むこともできたけれど、「性別」へのこだわりが生み出す地球人社会の不合理を、それまで以上に思い知ることにもなった。

ジル博士は、モーにとって、自分を理解してくれるほとんど唯一の地球人だったが、その彼が結婚することになったという。招待を受けたモーがお祝いに行くと、ジル博士の結婚相手というのは何とデネブ星人で、彼はこれからデネブ星に移住して、向こうで結婚するのだという。彼女はジル博士がデネブ星に留学していた当時の学生仲間で、優秀な学者だが、向こうでつき合っていた当時はまだ若かったので、性別は不明だった。最近五十歳に達して、たまたまジルと反対の性の女性であることがわかったので、二人は結婚しようということになったのだという。

このとき初めてモーは、デネブ星と地球とを結ぶ宇宙の通路が最近新たにもうひとつ発見され、こちらは十年おきではなく、いつでも往復できる通路になっているということを知らされた。その通路を通る宇宙船に乗って、ジルはまもなく出発するのだという。ジルは、モーが地球人のあいだで苦労していることを知っていて、そろそろ君も帰る潮時ではないかと、帰還旅行に誘ったのだ。

モーは、地球で知り合った女の子何人かを、愚かな性別役割分業教育から救ってやりたいと感じていたので、彼女らも連れて旅立つことにした。その誘いに乗らず、地球にとどまって困難にめげずに生き抜いてみたいと明言した子にも、エールを送りながらの旅立ちだったけれど……。

この作品の短所と長所

この『ホームステイの異星人』を、わたしは何度も読み返しているから、その短所も長所もよくわかっている。

モーに地球人社会の不合理を体験させ尽くすためには、四年ぐらいの滞在期間は必要だが、その期間にモーを地球人の子と同じペースで成長させてしまうと、モーにも思春期が訪れてしまい、性別不詳のままに留め置くのはむずかしい。そのため、同学年の地球人の子が性による差異を身体にも心にも強く備えるようになる時期になっても、モーだけはそうした差異に対して中立にしておくための、小細工が必要になる。その目的で、デネブ人の成長のペースについて、かなり無理な仮構を導入しているのだ。

最初のころの、モーの同級生たちが十歳だったころの場面でも、作者はモーの視点からいろいろ語らせることを通じて、「地球人の子だって、この年齢では、外性器のかたちが違うことを別とすれば、性による違いなんて身体にも心にもないはずで、デネブ人の場合と同じように、周囲の者はそれぞれの子の個性を伸ばすことだけに関心をもっていればいいはずなのに……」と言いたがっているようだが、それもちょっと、話を単純化しすぎている。

しかし、作品のメッセージを明確にするために設けたとみられるこうした極端な仮構を除けば、硬直的すぎる性別役割規範が生み出す不合理な束縛や行き違いを描くかぎりにおいては、作者はじつに炯眼《けいがん》であり、説得力に富んでいる。

たとえば、教育上、かつては「男の子にはAを課し、女の子にはBを課する」と決められていた工芸・手芸の学習科目について、母親の一部から出た異議に対処して、「女の子でもAを選びたい子には選ぶ権利を与える」と教師が譲歩したが、じゃあ逆に「男の子でBを選びたい子が出た場合には？」と詰め寄られると、「そういうことはありえない」として逃げを打った話が語られている（第三部第三章）。このあたりは、わが国での男女雇用機会均等法の施行直後の多くの企業の対応を思い出させる。当時、日本の多くの企業は「総合職」と「一般職」というコース別採用人事の方針を打ち出し、（男性が「一般職」を選ぶ権利は空文化しておいたうえで）女性にはどちらも選べる権利を与えているのだから、男女差別はしていないと言い繕《つくろ》っていた。

また、「女は学問をやりすぎると、嫁《ゆ》き遅れて、不幸になる」という日本でもしょっちゅう言われていた決まり文句も出てくる（第二部第五章）。

世の多くの男たちが「女は化粧や髪形やファッションに時間をかけすぎる」と言って非難し、それを女の「軽薄さ」のゆえだと説明し、また女がハイヒールという歩きにくい靴を履くことについても、「女はアホウで、ああいうものが好きだから履くんだ」とバカにしているのに、そういう男にかぎって、化粧に時間をかけずハイヒールも履かない女を見ると、たちまち「だらしない」とか「見苦しい」とか言い出す……というダブルスタンダードぶりについても、モーの筆を使って、あきれた話だと言わせている（第五部第九章）。

地球人でも比較的男女平等な家庭生活を試みている新婚夫婦に対して、周囲の者が「あの家庭は、だれがズボンを穿《は》くことになるか、わかってるよ」と皮肉っぽく嘆いてみせる場面があるが、このせりふは、日本語に意訳すると「あの亭主は女房の尻に敷かれるだろうよ」となる。文化圏に応じて表現は違うものの、似たり寄ったりの決まり文句があるものだと、大いに納得させられる（第三部第二章）。

マユツバな「性別の心理学」をふりかざす心理学者が、「独創性と、おしきせの枠組みに満足しない創造的な対応」をもっぱら「男性の資質」だとする先入観のもとにモーの性別判定を下したが（第二部第八章）、それが結果的には誤っていた（第四部第七章）というのも、パンチの効いた皮肉である。

要するに、子ども向きの本だとは言いながらも、一九七〇年代初期のフェミニズム運動の中で提起された論点は、ほぼ総まくりに出てくる。

「これは、日本にも翻訳紹介したら、話題になりそうだ！」と、読み終えたとたんにわたしは思った。が、当時のわたしの語学力では、独力で全文を誤りなく訳す力はなかった。

なかなか認知されなかったビアンカ・ピッツォルノの真価

それから三年、ようやくこのレベルの本なら自力で訳せるようになったわたしは、ワープロで訳稿をこしらえ、それを、可能性のありそうないくつかの出版社に持ち込んでみた。しかし、原作者がまだ日本では無名だったことに加えて、訳稿を持ち込んだわたしがイタリア語・イタリア文学の専門家ではないことも手伝ってか、なかなか色よい返事は得られなかった。

作者の文学の全体像についての情報がない中で、この作品だけを単独に読むと、日本の普通の文学の規格から少し外れている部分ばかりが目についてしまうのか、諧謔《かいぎゃく》として書いてあることを額面どおりに読んで「不自然だ」と受け止めるなど、木を見て森を見ない批評をする人もいた。

公平に言って原作自体にも難点はあった。作品に盛られている社会派的な主張の中には、時間の経過とともに新鮮さが失われ、もうわかっていることをくどくどと言いすぎていると感じられるものもあった。逆に、「心の性差」を否定するための描写が極端にすぎて、「既存の社会への抗議としてならわかるが、……」と首を傾げたくなるものもあった。そんなこんなで、一九九〇年代後半の日本では、ターゲットとする読者層を絞りにくい作品ではあったかもしれない。

その後、二〇〇〇年になって、長野徹さんの訳によって小学校低学年向きの平易な『ラビーニアとおかしな魔法のお話』が小峰書店から出版されて、わが国でピッツォルノの名が知られるためのとっかかりができた。二〇〇四年には、同じ長野さんの訳で、代表作のひとつと言ってよい『ポリッセーナの冒険』が徳間書店から出版されることで、ようやくこの作家への正当な注目が集まるようになった。

しかし、彼女の児童文学作品の中でいちばん評価の高い自伝的小説『あたしのクオレ』については、複数のイタリア語専門家が注目して、日本への翻訳紹介を提案していたにもかかわらず、文化圏の違いから日本人の子どもには理解されにくい場面が多く含まれていたためか、日本の児童書編集者は乗り気にならないという状態が長く続いた。練達の翻訳家である関口英子さんが、その優れた説得力によって岩波書店の編集者を動かし、ついに二〇一七年にご自身の訳文を岩波少年文庫から出版させることに成功したのは、快挙と言ってよいが、この作家の代表作と言えるほどの作品が、翻訳出版の世界でゴーサインをもらうまでにこれだけ時間がかかる事実を見るにつけても、作家の全体像についての評価が確立する以前の段階での「売り込み」というのは、むずかしいものだと思う。

解毒剤としての「環境起因説」

以上のようなわけで、徒労に終わったとはいえ、この『ホームステイの異星人』の翻訳原稿売り込み作戦をやったおかげで、一九九〇年代末ごろのわたしは、青春時代以来関心のあった社会学的意味での「ジェンダー」について、あらためて考える機会をもつことができた。

実際、男女どちらにだってある人間の弱点を、ことさら「女」に特有のものであるかのように決めつける男社会的バイアスを含んだ言説は、社会のいろんなところで当時も続いていたし、現在だって、必ずしも克服されてはいない。

男女の情がもつれて別れに至ったような場合に、しばしば男の側の意見として出されてくる「女という生き物の、隠された魔性《ましょう》が露わになった」というようなコメントは、えてして「女」一般がそうであるかのような、ジェンダー・バイアスのかかった表現をまといがちだけれど、そういうのは、人間一般の弱みの問題を直視すべきときに、話を「女」という一方の性への非難、貶《おとし》めへとすり替えてしまう、安易な思考停止だ。

このタイプの「ジェンダー・バイアスのかかったすり替え」は、一九六〇年ぐらいまでのわが国では、きわめて優勢であったらしく、そのころの男性評論家が書いていた文章をさかのぼって調べる必要が生じたときに、原資料を読むと、「ああ、また例によって、この、女のサガが何たらかんたら、……女という生き物に潜む魔性が何たらかんたら、……というやつか」と、うんざりさせられる。

それにひきかえ一九七〇年代は、心の性差に関する「刷り込み説」、あるいは「環境起因説」とでも呼べるような思想の全盛期だった。生まれたての子どもの心には性差なんていうものはそもそも存在せず、心の「男らしさ」とか「女らしさ」とかいうものは、総じて幼少期における周囲からの「刷り込み」の結果にほかならない、という説である。その影響は一九八〇年代にも残り、九〇年代でもそれにこだわり続けているフェミニストはかなりの数、いた。あのころわたしの読んだ本で、そういう立場に明確に立っていたものを思い出してみると、佐藤洋子著『女の子はつくられる――教育現場からのレポート』（白石書店、一九七七年）とか、小倉千加子著『セックス神話解体新書』（学陽書房、一九八八年）などがある。

今になって冷静にふりかえってみれば、ああした言説は、それ以前のわが国においてあまりにも支配的だった「女のサガが何たらかんたら……」とか「女という生き物に潜む魔性が何たらかんたら……」とかいう言説に対する、一種の揺り返し、あるいは解毒剤であったように思う。

ジェンダー・バイアスは社会の産物である

前章でも触れたように、医学的な性科学でいう「ジェンダー・アイデンティティー」と社会学でいう「ジェンダー」とは本来別のことを指している。前者は、ヒトが物心ついて以後どちらの性別集団に帰属感をもつかについてだけ語っている。現代の性科学の通説では、それは胎児期のホルモンバランスによって決まるとされている。社会学でいう「ジェンダー」は、社会が課している男女別の役割期待や行動規範のうち、そのような生物学的必然では説明できない、時代や文化圏によって異なる部分に光をあてるための概念である。

だから、「ジェンダー・アイデンティティー」が生得的なものであることを根拠にして「男女の心のあり方の違いは胎児期にすでに形成されている脳の配線の違いによるものなのだから、社会における性別役割は両性のそうした生物学的資質に応じて合理的に割りあてられているものに過ぎず、それを問題視する言説そのものが最初から成り立たない」と主張する人がいるとすれば、それは的外れである。

先日、わたしが書いているブログと同じ「アメブロ」の仲間で、昔から顔見知りだったニュージーランド在住の女性 kumikuma さんが、ご自分のブログに、マーガレット・ハミルトンという女性がアポロ宇宙船を危機から救ったという話を英語で子ども向きに書いた本をみつけ、読んだと書いておられた。マーガレット・ハミルトンは、二十代のころ、マサチューセッツ工科大の研究室の責任者として、アポロ月面着陸のための重要なソフトウェアを開発した人。当時は珍しかった働く母親でもあり、研究室に四歳の娘さんを連れて出勤していたとか。娘さんのある行動をみて、宇宙飛行士が同じミスをするかもしれない可能性に思い至り、対処法を考え出したというエピソードがある。

宇宙飛行士の犯しうるミスに対処するために、彼女がコードを追加することを提案したとき、NASAは「宇宙飛行士は精鋭ぞろいなのでそんなミスはしない」と、それを突っぱねたが、何と、本番ではまさにそのミスが起こってしまって、危機的な状況になったそうだ。それを救ったのがマーガレット。彼女なくしては、アポロ宇宙船が無事に地球に帰れることはなかっただろうというのが、事後評価だそうだ。

ソフトウェアの開発に取り組んだマサチューセッツ工科大学が、もしも当時、「宇宙船を飛ばすためのコンピューター・プログラミングは男の仕事であって、女なんか働かせるわけにはいかない。女にはそもそもこんなことへの適性なんかない」と言って最初からマーガレットを締め出していたら……と考えると、歴史上の特定の社会が生んだ性別役割観という意味での「ジェンダー」に過度にとらわれることが、人類社会にとっていかに損失かが、わかるではないか。

これでわかるように、男性（の身体で生まれている人）と女性（の身体で生まれている人）のあいだで、心のあり方に先天的な差異があるという生物学的事実を認めることと、歴史的事情に規定されたジェンダー・バイアスを見直す必要性を説くこととのあいだには、何ら矛盾はない。これらが矛盾すると考えるのは、従来の固定的な性別役割観に固執し、それをすべて生物学的必然によると言いくるめたいゴリゴリの保守派と、性による心の差異はすべて社会の刷り込みだと説明しないと社会改革への提言ができないと考える、見当違いの自称「進歩派」だけである。

「性自認」について、「環境起因説」は乗り越えられるべき時期が来た

『ホームステイの異星人』の一件を通じて、わたしは、社会学的な意味での「ジェンダー」についてあらためて考える機会をもつと同時に、物事への関心のもち方が性別によって異なることを後天的な「刷り込み」だけで説明しようとする説には、かなり無理があるということをも感じるようになっていた。

わたしは自分の訳稿を、一度、愛媛大学法文学部総合政策学科の一回生向きゼミナールで教材として使ってみて、学生の感想を求めてみたことがある。大勢を占めた意見は、「生得的な心の性差というのはやっぱりあると思うから、原作者がこの作品で言おうとしていることは、少し極端すぎる」という意見だった。

ちょうどそのころ、アメリカでは一九九七年にジョン・マネーの「双子の症例」の報告が虚偽

であったことがジョン・コラピントのレポートによって明らかにされ、さらに二〇〇〇年には同じコラピントが、当事者本人の承諾を得て、実名も写真も入った*As Nature Made Him*という単行本でこの話の詳細を明るみに出した。邦訳の『ブレンダと呼ばれた少年』（無名舎、二〇〇〇年）を入手して読んだとき、わたしはさほど驚きはしなかった。

マネーの主張は、いわば「性自認についての環境起因説」であるが、「双子の症例」は、じつはその仮説を実証する目的のもとに、マネー自身が双子の両親を説得して行なわせた「人体実験」だった。そして、マネーにとっては不本意なことに、その双子の片方（実名：デイヴィッド・ライマー）は、周囲からいかに執拗に「刷り込み」をされても、自分を女の子だとは自覚できなかった。デイヴィッドは十四歳のときに真相を知ると、ただちに男の子に戻ることを希望し、外性器の再形成手術を受け、女性と結婚もした（その後、残念ながら二〇〇四年五月に自殺で世を去ったが）。

デイヴィッドは、事故のあとに外性器のかたちを「女の子型」に「整えて」もらう際に、精巣摘出をされているから、生まれたままの身体でいれば男性ホルモンの分泌が盛んになってくるであろう年齢になっても、男性ホルモンは副腎から分泌される少しの量しか身体に流れてはいなかったはずである。そのうえ、十二歳以後人為的に「女の子らしくさせる」目的のもとに、医師から女性ホルモンの投与をされていたため、「今現在のホルモンバランス」から言えば、ほぼ同年齢の女の子のありようをなぞる状態にされていたのだ。にもかかわらず、心のほうは少しも「女の子らしく」はならず、遊び方から何から、すべて男の子そのものだったという。

生まれついた「性」は、人為的には変えられなかったのだ！

――と、ここまで述べてくると、さあ、保守派の出番だ。「そらみたことか！」と彼らは鬼の首をとったように言う。「男の子に生まれれば、自然に男らしい心に育つ。女の子に生まれれば、自然に女らしい心に育つ。そういう「らしさ」を「周囲からの刷り込みだ」などと決めつけて、男の子にも女の子にも性別特性を考慮しない画一的な教育を授けるのがよいとする「ジェンダー・フリー」の主張は、自然の摂理に反する」と。

『ブレンダと呼ばれた少年』の無名舎からの版が品切れになった後、同じ訳文が扶桑社に版元を移して二〇〇五年に再刊された際には、八木秀次による「ジェンダー・フリーの〝嘘〟を暴いた本書の意義」という長文の「解説」がつけられたが、それは、右のような考えからだったのだろう。

確かに、デイヴィッドの心の性は変えられなかった。ただし、身体の性は、精巣摘出だの女性ホルモン投与だの、外性器のかたちを女性型に「整える」手術などによって、外見上は「女の子らしく」することができていた。その身体に対して、デイヴィッドは強い違和感を覚えていた。「じつはおまえは、最初は男の子として生まれた」と告知されたとき、「それでこういう違和感を覚えていたのか」と大いに納得し、自分の本来あるべき姿に身体を戻してほしいと希望するようになった。これは一見すると、「人はみな、「生まれたときの性別」を受け入れて生きるべきであり、その道から外れたことは、すべて不自然であり、誤りである」との保守的・硬直的な主張を補強する事実であるかのように受け止められる。

が、このデイヴィッドの話を、この本の出版からまもなくテレビ放送された『3年B組金八先生』の中の、FTMの中学生・鶴本直の立場から読んでみると、どうなるか？　彼なら、言うであろう。「そうだ。僕とデイヴィッドはまさに同じだ。僕が物心ついたときから確信している「生まれもった性」は、変えられないんだ。その僕の「容れ物」になっているこの身体が間違っているんだ。本来のあるべき身体に戻してほしいんだ」と。

つまり、デイヴィッドは生まれつきMTMだったから、その身体を女性に変えられたのでは心に合わない。元に戻してほしい、と思う。そして、鶴本直は生まれつきFTMだったから、女性の身体が心に合わなくて、本来のあるべきかたちに直して（戻して）ほしい、と思う。両者は相似形である。デイヴィッドが「変身願望」で身体のかたちを戻してほしいと言ったのではないのと同様、鶴本直も、「変身願望」で身体を女から男へと変えてくれと言ったのではない。

このキーポイントがわからない人は、性同一性障害と聞くと、「男から女に変身したいとか、女から男に変身したいとかいう性的嗜好（テイスト）のことだろ？」などと、安請け合いの「理解」を示したりする。そんなふうにならないためにも、まさにこのデイヴィッドの事例こそを、性同一性障害とは何かを理解するうえでの、恰好の学習材料とするべきなのだ。

デイヴィッドの事例を学ぶことは、ヒトのセクシュアリティーの多様なあり方について考察を深め、マイノリティーを偏見なく受け入れられるような、懐の広い社会の仕組みを作ってゆこうという提言へと自然につながる。何事につけ既存の枠組みこそが理にかなっていて、変えるべきでないとする保守的・硬直的な立場とは、違うのである。

こんなふうにして、性科学の意味での自分のジェンダー・アイデンティティーをみつめ直すことと、社会学的な意味でのジェンダー問題に関心を深めることとが、わたし自身の中でわりと無理なく統合されていったのが、あの二〇〇〇年前後の時代だった。だからわたしは、二〇〇二年の暮れに「ジェンダー・フリー」をキーワードにした自分のウェブサイトを立ち上げようとしたとき、それをGIDの人たちとの交流の場にしたいと思う一方、社会学的な意味での「ジェンダー」についても考えるサイトにもしようと思ったのだ。

当時すでに、MTFの佐倉智美さんや土肥いつきさんなどは「ジェンダー」に関するウェブサイトを立ち上げておられたが、問題意識はわたしと共通性が高いな、と感じた。

デイヴィッド・ライマーのインタビューとビアンカ・ピッツォルノの手紙

先に紹介したように、『ブレンダと呼ばれた少年』という本は「ジェンダー・フリーの〝嘘〟を暴いた」点にその功績があるとして、政治的意図を込めて賞賛する人々がいる。彼らは、現在の社会が要求している性別役割のあり方は、生物学的必然にもとづく合理的なもので、それに疑問を呈したり、変革を要求したりするのは、ヒトの本然にそぐわない不自然な主張だと言いたがっている。それなら、「本来の性」である「男」に戻って以後のデイヴィッド・ライマーは、性に関して保守的な人たちが礼賛する「マッチョな男」の典型を体現し、「『女房の尻に敷かれる』ようなやつは、男の風上にも置けない」などと言い出す人物になったのだろうか？

案外そうではなかった。それは、同書の第十六章に引用されているインタビューでの彼の発言を読むとわかる（扶桑社版三一八〜三二〇ページ）。デイヴィッドは、自分が「女の子」扱いをされて抑圧されていただけに、男女同権を求める運動には「いいぞ、その調子」と思っていたし、「世界は男で回ってる」と思い込んでいる男性優越主義者は、今現在の自分から見ても気に食わない連中だと言っている。職場仲間のマッチョな連中から、おまえは家庭の中でしっかり女房に対して「ボス」になれているかと問われると、つぎのように答えたくなるそうだ。

「いいか、おれんとこはふたりして協力しながら生活してるんだ。妻はおれのパートナーさ。別に尻に敷かれてるわけじゃない。ときにはおれのやり方で、ときには向こうのやり方でものごとを進める。とにかく、おれたち夫婦はパートナー同士なんだ」そう言ってやるんだ。だってそうだろ？　ただ自分のあとについて回るだけの能なし女房がいい、なんてやつがいるかい？　そんなのは、妻というより、奴隷じゃないか。おれは奴隷なんていらない。自分の意見を持って、たしかな目を持って、自分をふさわしいほうへと導いてくれる、そんな女の人がいい。頭が固くて、ただ盲目的に自分の言うことを聞く人間と話すなんて、つらいものがあるよ。でもまあ、もしおれが普通の人生を送って、いっさいこんな目にあってなかったら、いまごろはおそらく、あの連中のような男性優越主義者になってただろう。仕事に行って、へとへとになるまで働いて、家に帰ってビールを飲みながら、テレビでスポーツ番組を観る。で、たまたまいまのおれのような人間がテレビに映ってると、「うぇー、気持ちわりい」なんて言うのさ。もしかしたらそれがおれの姿だったのかもしれない。

これを読むとわたしは、第一章に引用したビアンカ・ピッツォルノの二〇〇三年六月二十四日付けのわたしへの手紙のつぎの一節を思い出す。両者は深く共鳴し合っている。

わたしは、さまざまな事情で男の子が女の子として育てられたり、女の子が男の子として育てられた例を、多く知っています。これらの子は、大人の年齢になって欺きに気づいたときには、自分が育てられた性にとどまりたいとは思いませんでした。でも、彼らが教育によって植えつけられた、本来の生物学的性別からみると「間違った」（と人が言うところの）特性や習慣の多くはその後も保持され、それがかえって彼らを普通よりも心の開かれた、包容力のある人間にしています。

第七章　性別違和に悩む人たちへのエール

小田急梅ヶ丘駅前で聞いた罵声

以上のようなしだいでわたしは、「性自認の後天説（環境起因説）」を否定して「先天説」をとることと、「社会の仕組みをよくしてゆこう」という前向きな姿勢をとることとは、何ら矛盾しないと、はっきり考えるようになった。そして二〇〇三年以後、自分自身のイメチェン作戦を開始するとともに、ＧＩＤ当事者の生きやすい社会を目指す運動にもできる範囲で参加しようと思うようになった。

その後二〇一七年までの経緯についてはすでに書いたが、第一章で触れたように、二〇〇三年春の上川あやさんの世田谷区議会議員選挙への立候補が、わたしにとって追い風となった。

その運動を応援に行っていたとき、ひとつ面白い体験をした。三月何日だったかは忘れたが、勤め人が家路に就く時間帯をねらって小田急線の梅ヶ丘駅前でわたしたちがビラを配り、上川さんがマイクを握っていたときのことだ。一杯ひっかけた酒でも入っていそうな背広姿の中年男性が、道路の向こう側から「家に帰って飯の支度をしろ！」と、上川さんに罵声を浴びせた。上川さんの名前も主張も、まだまだ世に認知してもらえず、支援者一同苦闘していたころだったが、「男に生まれたくせに女になりたいとか言っている変態が、区議選に出るそうだ」というような悪い噂《うわさ》だけは先回りして、その男性の耳にも入っていたのだろう。

四年後に、上川さんが岩波新書から出した『変えてゆく勇気』の中に、その男の口上がそのまま描写してあるのをみつけて、わたしは「あの罵声は、上川さんご本人もよく記憶しているんだなあ……」と思うと同時に、そういう「歴史の現場」に自分が居合わせたことを「光栄」にも思ったものだ。

あの男性がどんな気持ちであの罵声を上川さんに浴びせたのかは、『ホームステイの異星人』でも読んでみれば、――一九七〇年代の日本とイタリアに似たような社会状況が存在したおかげで――、「ああ、まさにこれ、これ。この登場人物の考えと同じだ!」と、手にとるようにわかる。以下のように要約できるだろう。

「せっかく男に生まれたくせに、わざわざ身を貶《おとし》めて女になりたがるとは、あきれたやつだ。女になりたいのなら、女の分際に甘んじるべきではないか。本来男の仕事である政治家なんかを目指すこと自体がおかしいではないか。男という、天が授けたせっかくの地位を捨てたいのなら、女の仕事に専念するがよかろう。家庭を守っておさんどん(食事の支度)を引き受けるのが、女の分際だろうが!」

バスの運転士として活躍するMTFの女性

二〇一八年五月十四日、『バスとりっぷ』というウェブ上の情報誌に、「「本当の自分が認められる幸せ」性同一性障害の高速バス運転士インタビュー」という記事が載った。中国地方で高速道路を走る遠距離バスの運転士をしている川上さんというMTFの方がインタビューを受け、写真入りで記事になったものだ（ちなみに、姓は世田谷区議の上川さんとは逆の川上さん）。

取材時に三十五歳の川上さんは、三十歳から（身体の）性別移行を始めたというわりには、とても「パス度」の高い方で、「わたしも若いころに性別移行して、このくらいのパス度を獲得できていたらよかったのに」と、ちょっと羨《うらや》ましくもなる。

ところで、この川上さんは、男性から女性に変わったうえで職業は「バス運転士」を選んでいるというのだから、頭の古い人からは「そういう「男の仕事」をするのなら、何も性別移行なんかする必要はないじゃないか」と、疑問を投げかけられるかもしれない。それは要するに、上川あやさんの選挙運動のときに、「家に帰って飯の支度をしろ！」と罵声を浴びせた「梅ヶ丘男」と同じ発想だ。今でこそ「梅ヶ丘男」の言うことはおかしいと、たいがいの人が思うけれど、一九六〇年代ぐらいまでさかのぼると、それが「常識」だった時代もあるのだ。一九六〇年代の初期まで、「一家の大黒柱たる男は、それぞれ何らかの専門特化した職種に携わり、それを支える主婦は夫の職業が何であろうとも、みな均《ひと》し並みに炊事・洗濯・裁縫・育児など家庭の雑事に携わる」というのが、男女の働き方の典型と考えられていた。

だから、「人は男に生まれたなら、将来何の職種に携わるかにしたがって、それぞれの専門的訓練を受けて、職業人としての一人前を目指すべきであるのに対して、女に生まれたら、たとえ若いころに外で働いて何らかの「職種」に携わるとしても、それは結婚までの「腰かけ」としてである」とされ、「だから、女に対する職業訓練は、男ほどの専門性には至らないほどほどのレベルで済ませておいても、差別にはならない」ということになっていたのだ。

世の中全体がそういう仕組みで動いていた時代、男性の身体で生まれた者が、「自分は生まれもった身体が心に合っていないから、性別移行して女性として生活したい」などと言い出せば、「そんならおまえは、就職は腰かけでいいんだな」と言われ、職業訓練の場から遠ざけられてしまうことになる。そんな時代にもし川上さんのようなMTFが、「性別移行して女性として暮らすと同時に、職業としてはバスの運転士を目指します」などと言おうものなら、「気でも狂ったのか?」と言われて、社会から締め出されてしまっただろう。

そういう時代には、精神医学的にみてGIDでMTFであることは現在の川上さんと同じように明白である人がいても、うっかりそのことをカムアウトすれば、社会で生きていけなくなる恐れがあるから、自分を押し殺して、生涯「心に合わない男性の身体を着せられたまま」で逼塞《ひっそく》する以外になかった場合が多かったと思われる。

GIDは人口二百人に一人ぐらいはいるようだ

GIDが初めてまじめな問題として取り上げられるようになった二〇〇〇年前後、「そういう症例の人は、MTFが三万人に一人程度、FTMが十万人に一人程度」などと解説されていたことがあった。それまでにカムアウトして、医療機関を受診した人の人数を全人口で割った結果として得られた数値だ。現代ならば川上さんのような人生を手に入れて少しもおかしくないような人が、「カムアウトしようにもできない」で逼塞していた例が多かったであろうことを勘案すると、医学的にGIDである人の割合というのは、ずっと高いものだと、わたしは思う。実際、GIDをカムアウトして生きることがタブーでなくなってきたここ十年ぐらい、この話題が出ると「ああ、そういえばわたしの知人にもこれこれこんな人が……」と、自分の身近な範囲での実例を挙げる人はきわめて多くなってきた。

つい先日、兵庫県で公立中学校教諭をしている沙耶香さん（仮名）からお便りが来た。わたしが神戸に住んで高校生相手の補習教室でアルバイトの講師をしていたとき、ぴか一に理解力の優れた生徒だったことで印象に残り、その後もずっと年賀の交換をしてきた人だ。「元気のいいお嬢さん」だった彼女も今や押しも押されもせぬベテラン教師だ。

もともと、「お嬢さん学校」の生徒だというわりには、肝っ玉の据わった庶民性のもち主だったが、本人の自称によると「大阪弁で生徒を怒鳴りつけるガラの悪いオバハン」だそうだ。その彼女が身を置いている、取り澄ますことのない、遠慮なくものを言う人の多い環境の中での実態は、つぎのとおりだそうだ。

おっしゃる通り、ＧＩＤの方々への理解を深めることは、この教育業界においては急務となっており、制服問題（ズボンorスカート）、トイレ問題など、職員研修もしております。昨年の講師の方は、現職のＧＩＤの小学校教諭の方で、参考になるお話を伺いました。また実際、卒業生が数年後の同窓会で女性になっていた体験もしましたし、三者懇談で、お父さんがお母さんに変わっていた例も身近でありました（一学期、父として来校された保護者が、二学期には母として来校された）。私のような仕事をしていますと、ＧＩＤへの理解・知識も必要になってくるので、一般の方々よりは身近に感じ、もっと勉強が必要と思います（最近多いアスペルガーなども、世の中より早く研修し、理解しておりました）。一人一人みんな違うのですから、教育者はもっと努力しなければ……。

もともと、「性同一性障害者の性別の取扱いの特例に関する法律」の制定へ向けての運動が盛り上がった二〇〇三年当時でも、すでに、ＧＩＤの有病率についてのそれまでの推定は過少だったのではないかとの指摘はなされ始めていた〔注一〕。

今や、過去の数値は大幅に見直されるべき時が来ている。

わたしの感触を言えば、ＧＩＤは人口二百人に一人ぐらいの割合では存在すると思う〔注二〕。

〔注一〕野宮亜紀ほか著『性同一性障害って何？』（緑風出版、二〇〇三年）の四二ページには、精神科医針間克己による以下の文がある。「性同一性障害を抱える当事者の人は、同じ当事者の人を見つけることがよくあります。一〇〇〇人程度の学校で見つけるという話はよく聞くのです。そうして考えると、一〇〇〇人に一人ぐらいは実は性同一性障害の人はいるのかもしれません。けれども、そのうち病院に実際にいくのはごくわずか、という可能性もあるのです。」

〔注二〕性同一性障害（性別違和）の有病率（あるいは「有態率」）については、従来、これを主訴として医療機関をすでに受診した者の数を人口で割って推定することしか行なわれていなかったため、過少評価がなされていたと考えられる。一般人口を母集団とするサンプル研究の試みは、二〇一〇年代半ばになってようやくぼつぼつ報告され始めた状態で、まだその数値は動揺している。が、いずれにせよ、何万人に一人などという数値よりは高い数値が報告され始めている（康純編著『性別に違和感がある子どもたち』（合同出版、二〇一七年）六四～六七ページ）。第一章の注六で言及したオランダ社会文化計画局編『インターセックスの状態／性分化疾患と共に生きる』（二〇一四年）の日本語訳

http://media.wix.com/ugd/0c8e2d_36b9cbb9aa864fca821ad8bf5ab35b25.pdf

の二二ページでは、「オランダにおけるインターセックスの状態／性分化疾患の有態率は、現時点で最良の見積りは、〇・五％前後である」という推定のあとに、「これはオランダにおけるトランスジェンダーの人たちの見積もり数と同じくらいである」と述べられている。

「LGBT」よりも「SOGI」という表現のほうが公平だ

日本で「LGBT」という語が性的マイノリティーを包括する語としてよく使われるようになったのは、二〇一三年か一四年ごろからのようだ。当時、うつ病のほうが優先的な悩みとなって

いたわたしは、それをフォローできていなかった。「うつ病地獄」のどん底まで落ちる直前の二〇一五年八月下旬、ある出版関係者から「目下「ＬＧＢＴ」は注目のテーマのようですが……」というＥメールをもらって初めてその言葉を知った。何で「性的マイノリティー」と素直に言わずに、そんな呼称を使うのか、釈然としなかった。

この言葉の意味を初心者に説明する際、「Ｌ」は「レズビアン」で女性の同性愛者、「Ｇ」は「ゲイ」で男性の同性愛者、「Ｂ」は「バイセクシュアル」で男女どちらをも好きになる両性愛者、……と順々に説明するのだそうだ。そして最後に「Ｔ」にも言及して、それは「トランスジェンダー」で……と説明するのだそうだが、最後のあたりの説明は耳に入らないのか、「好きになる性」が普通の人と違う人たちの包括的呼称がＬＧＢＴだと早合点する人が多い。

現に、権威ある国語辞典『広辞苑』が十年ぶりに改訂されて第七版となり、二〇一八年の一月に刊行されたとき、初めてこの語が見出し語として採用されたのはいいが、その説明は「多数派とは異なる性的指向をもつ人々」と書かれていて、それでは最後の「Ｔ」を説明していないではないかと、関係者から誤りの指摘があった。

二〇〇一、二年ごろ「性同一性障害」という語が初めて市民権を得て、「性自認（＝心の性）」が生まれついた身体の性とは食い違ってしまう人々」も世の中にはいるのだという事実に光があてられたとき、しかもその場合の「心の性」とは「「好きになる性＝性的指向」の反対の性」ではないということが明確化されたとき、わたしのような当事者は「これでこそ自分のような者の存在が世の中に認知される日が来た」と、たいへん喜んだものだ。わたしの場合、小説『アクアマリン』に描いた真実が十五年ぐらいのタイムラグでようやく社会全体に共有される時代が来たことを喜ぶと同時に、自分自身で今ひとつ他人に説明ができかねていた自分のセクシュアリティーが、「性自認」と「性的指向」を別々の変数としてとらえる認識の枠組みを使えば、だれにでも説明できるようになることに、何よりも感動したものだった。それと比べて、「ＬＧＢＴ」という括り方は、世の中の多様なセクシュアリティーを理解するための枠組みとして、明らかに後退している。

第一章に書いたように、完全とは言えないにしても、とりあえずヒトのセクシュアリティーを広く偏りなくカバーできる図式は、「身体の性」を第一変数、「性自認（心の性）」を第二変数、「性的指向（好きになる性）」を第三変数とした三変数図式だ。

その図式で判別されるカテゴリーのうち、「シスジェンダー、ヘテロセクシュアル」でないものが「性的マイノリティー」ということになるが、それをいちいち列挙していって一語にまとめようとすれば、当然無理が生じる。最初に「Ｌ」を挙げ、つぎに「Ｇ」を挙げ、さらに「Ｂ」を挙げ……という個別列挙方式では、厳密を期そうとすれば、文字の数がやたらに増えるばかりだ。現に、「ＬＧＢＴ」だけでは不十分だとする人々から「あれも入れろ」、「これも入れろ」と意見が出て、「ＬＧＢＴＩ」とか「ＬＧＢＴＱ」とか、さらにもっと長いのまで提案され、追加しだしたらきりがないので「ＬＧＢＴ＋」としようという提案が出たとか、笑い話のようなことが起こっている〔注三〕。

そもそもこの略語では、頭文字で挙げてある性的マイノリティーの類型のうち、四分の三が「性的指向」に着目しての類型であり、その着眼点からのグループ分けだけが独り歩きしていて、最後の一文字はおまけという感じがする。これでは、性的マイノリティーというテーマについて初めて学ぶ者の理解を混乱させるだろうし、ヒトのセクシュアリティーを分類する際に着目すべき三変数に関して公平でない。

これはたぶん、同性愛を罪深いものとみなす性規範に対して、長年にわたって異議申し立ての運動が続けられて、近年ようやくそれが実を結びつつあるという欧米社会に特有の歴史的事情が、用語づくりに過度に反映されてしまった結果のように思われる。あるいは、性的マイノリティーの中で相対的に数の多い「性的指向におけるマイノリティー」（複数の調査で被験者数の五％前後の値が報告されている〔注四〕）が、「マイノリティーの代表」のようにみなされた結果かもしれない。

前述の三変数のうち、第一変数である「身体の性」に関しては、それが典型的な男性または女性に分類しにくい人がいるからといって、第二変数（性自認）や第三変数（性的指向）についてのマイノリティーと同列に論じてよいかどうかは、いろいろ問題があり、当事者の大多数がそれを望んでいないという事情もある〔注五〕。だから、ここでは第二変数と第三変数についてだけ考えたいが、せめてこの二つを対等に視野に収める用語が必要であると思う。

そこで「Sexual Orientation and Gender Identity（性的指向と性自認）」の頭文字をとって「S

OGI（ソージまたはソーギと読まれる）」という語が提案されており、わたしはこのほうがベターであると考える。しかも、SOGIそのものは別にマイノリティーについてだけあてはまる語ではなく、マジョリティーの人々も含めて、世の中のみんながそれぞれの「SOGIの問題」をもっているという、「ヒトのあり方の、ひとつの側面」を表現する語である。つまり、人生、社会を考えるときの、問題領域の名である。

マジョリティーである「シスジェンダー、ヘテロセクシュアル」の人も、自分自身の「SOGI」の問題を省みて、「自分は、そのようなセクシュアリティーのもち主として生まれているのだ」と自覚し、それを可視化することで、この問題に主体的にかかわってゆこうという姿勢をもつことができる。今後は、マイノリティー（と考えられるもの）の頭文字を「あれも足りない、これも足りない」としてつぎつぎに追加するのではなく、マイノリティーにせよマジョリティーにせよ考えるべき問題領域として、行政も教育も「SOGI」への関心を高める施策を考えてほしいものである。

〔注三〕「I」は「インターセックス（Intersex）」、「Q」は「クエスチョニング（Questioning）」のことであるという。さらに「無性愛＝性愛そのものに関心がない人＝アセクシュアル（Asexual）」を「A」の字で加えようという人もいる。

〔注四〕康純編著『性別に違和感がある子どもたち』（合同出版、二〇一七年）五八～五九ページ。

〔注五〕日本性分化疾患患者家族連絡会（ネクスDSDジャパン）のウェブサイト
https://www.nexdsd.com/
によれば、性分化疾患（DSDs）の当事者の大多数は、出生時に指定された性で生きること自体には不満を覚えておらず、身体的特徴が典型的でないことを理由に「中性」、「両性具有」、「男でも女でもない性」といった独自のアイデンティティーをもつかのように受け止められることは、心外と感じているという。

過去において医学界が、外性器の特徴があいまいである新生児に対して、形成外科的にどちらの性のかたちに変えやすいかだけに着目して性別を指定し、修正手術を施すという乱暴な対応をした結果、物心ついて以後にその性別を受け入れがたく感じる症例がかなり発生したことは事実である。しかし、現在の新生児医学は遥かに厳密な判定をしており、そのようにして指定された性別を、後になって変えたいという当事者はまれであるという。

何らかの性分化疾患をもつと同時に性自認におけるマイノリティーにも属するというケースは、ないわけではないが、それは、性分化疾患をもたない人の中に性自認が典型的でない人が一部含まれているのと同じ意味においてでしかないという。

なお、先の注二でも紹介したオランダ社会文化計画局編『インターセックスの状態／性同一性障害と共に生きる』（二〇一四年）
http://media.wix.com/ugd/0c8e2d_36b9cbb9aa864fca821ad8bf5ab35b25.pdf
にも同様な見解が示されている。

「同性愛」を広く解釈しすぎることも問題だ

「LGBT」を論じるにあたって、現代の性科学的観点からみての同性愛と同一視できるかどうか怪しい歴史上の諸例を引っ張ってきて、「歴史上の多くの時代・社会において、同性愛にもっと寛容な文化があった」というような話をもち出す人が多いのも、気になる〔注六〕。

たとえば古代ローマでは、一家の主人が妻以外の女に手を出しても、それが自分より身分の低い女でありさえすれば何ら咎められることはなかった。同じ理由で、自分より身分の低い、若い男を性欲処理の対象とすることも大っぴらに認められていて、たいがいの貴族、自由民はそれを実践していたという〔アルベルト・アンジェラ著／関口英子訳『古代ローマ人の24時間』（河出文庫、二〇一二年）、47章〕。ただしその場合、主人の側は、性行為にあたって受動的な役割を果たすことは厳に禁じられていた、ということからもわかるように、「支配権の誇示の手段としての性行為」である。一人前の男性どうしが自由意思で惹かれ合い、異性愛のカップルと同様な、対等で永続的な関係を望む、という意味での同性愛とは、異質な現象だったと思われる。

戦国時代以降の日本の武家社会で、同性愛が「衆道」と呼ばれて武士のたしなみとみなされていたなどという話も、似たようなものであろう。

そもそもその種の、最初から支配・被支配という非対等性が前提とされている「同性愛類似行為」においては、当事者間に大きな年齢差があって、受動的な役割を果たす側は、男性としては未完成の、「少年」と呼べるような年齢の者であるのが普通だった。このことが何を示唆しているかを、もっと深く考えてみるべきだ。

古来、性風俗の一環として「男娼文化」というものは確かに存在するが、そこで性的奉仕を求める側の男性は、たいがいは異性愛者である。つまり、女性との接触機会が豊富にある環境下なら女性を相手に性的関係をもつのが自然であるような性的指向の男性が、環境的制約の多い場でとりあえず女性相手の性欲処理に類似したことを求める結果として、あるいは、ちょっと非日常的な体験がしたいという逸脱的な遊び心の結果として、「擬似女性」の役割を果たしてくれる一部の男性に、性的な奉仕を求めているわけだ。これを同性愛と同一視するのは、きわめて皮相的な理解だと思う。

奉仕させられる側がどういう性的指向をもっているかについては、種々のケースがありうる。もし、生まれつき異性愛者である男性が、たんに年齢が若いとか、隷属的階級に属するとかいう理由だけで、年齢も社会的地位も上である男性から、意に反する性的奉仕を無理強いされているのであれば、それは、現代でも独身聖職者のスキャンダルとしてしばしば話題になるペドフィリア（小児性愛）のたぐいであり、レイプ（強姦）の一種にほかならない。

そういう性犯罪的な例は除いて、男娼文化の奉仕者側の役割を進んで引き受けようとする男性にかぎって考察するならば、そこに同性愛という要素が含まれている可能性は、確かにある。つまり、自分が男性であることをはっきり自覚したうえで、「同性である男性」から性的に関心をもたれ、求愛されることを快く思う心性を備えた人が、男娼文化の奉仕者側になることに生計の道をみいだし、そこに生きがいも感じることは、ありうる。そういう人が、目的の達成をスムーズならしめるための手段として自己表現を女性化することは、あってもおかしくはない。なぜなら、自分自身としては「男性として男性に愛される」ことで十分に満足する心をもっているとしても、自己表現を女性化しておけば、同性愛者の男性のみならず、異性愛者の男性をも自分のほうへ振り向かせることができるというメリットはあるからだ。

このかぎりにおいて、「女性的な自己表現をする男性（の身体で生まれた人）」と「男性同性愛者」のあいだに、何かしらつながりがあるとの憶測は、まったく根拠がないわけではない。

ただし、妥当なのは「二つの集合はある程度重なり合う部分をもつ」ということだけであって、「前者なら後者」でもないし「後者なら前者」でもない。

まず、「後者なら前者」ではない端的な証拠として、男性同性愛者であって、女装やオネエ言葉にまったく関心のない人はいっぱいいる。というか、それが男性同性愛者の中の多数派である（このことを知らない者がどうして世の中に多いのか、わたしはふしぎに思う）。

そして、「前者なら後者」ではないことは、本書でわたしがこれまでに何度も強調してきたことだが、ここで強調すべきことは二点ある。第一は、同じく男性に性的に惹かれていても、男性を自分と同性と感じたうえで好きになるのと、異性と感じたうえで好きになるのとは大違いだという事実である。そして第二は、そもそも「女性的な自己表現をすること」を「男性を性的に好きになる」ことと結びつけて解釈しようとすること自体に難がある、ということだ。

で、最初の論点から説明しよう。

男娼文化の中に取り込まれている人の中には、もともと、生まれもった身体の性別（男性）で役割期待に応えて生きることを、とても息苦しく思う心性をもっているがゆえに、女性的なしぐさや服装が受け入れられる「自分にとって生きやすい場」を求めているうちに、結果として男娼文化の中に取り込まれた人もいる。そういう人の場合は、男性を愛するとはいっても、男性を自分と同質なものと受け止めたうえで恋慕の情を覚えているのではない。自分自身が「男らしく、たくましく……」なんていう役割期待を押しつけられることはとても不快なのであるけれども、恋愛の対象としては、そのような自分とは対極に位置する「男らしく、たくましい」男性を求める。こうした心のあり方をしている人は、自分の恋愛の相手が女性を愛する心をもってくれている人であればあるほど、安心して身をゆだねられる。

その結果として成立する、「自分はもともと心は女性なのに、身体が間違って男性に生まれてしまったと感じている人」と、「女性への性的指向をもつ、男らしい男」とのあいだの交歓を、「同性愛」の枠に括ってしまうと、「同性愛」という概念があまりにも多様なものをカバーしすぎて、無内容なものになる。こういう関係は、自認の性別から言えばむしろ、女性が男性に惹かれ、その愛を男性が受け入れているという関係であり、異性愛としてとらえることこそがふさわしい。

第二の論点については、わたしの小説『アクアマリン』を思い出していただくだけでよい。「男性（の身体で生まれた人）であって、女性的な自己表現をする人」の中には、あの小説の兵頭千春のように、「身体を女性型に変えてもらうことで安堵感を覚える」にもかかわらず、性的指向は一貫して女性に向かっている「MTFレズビアン」も含まれているということだ。

以上のようなことをきめ細かくとらえてゆくためには、少なくとも「身体の性」、「性自認」、

「性的指向」を別々の変数として立てる「三変数図式」は共通の了解事項としておく必要がある。「「LGB」に付随してもうひとつ「T」もある」などという図式は、理解を混乱させるだけである。

〔注六〕文化人類学者の研究によると、性別違和が原因で性別二元論の社会の枠組みに順応しにくい人々に、それなりの居場所を与えるためと思われる慣習や制度が世界各地にあった（あるいは、現にある）ことがわかっている（インドにおけるヒジュラ、北米原住民社会におけるベルダーシュなど）。しかしこのことと、その社会が「同性愛に寛容であった」かどうかとは、別の問題であろう。

三変数が別々の変数であることは、変数間に相関がないという意味ではない

というわけで、近年流行《はや》っている「LGBT」という括りがあまり好きでないわたしは、性同一性障害が初めて市民権を得たころの解説のしかたがむしろ懐かしい。二〇〇六年ごろから、NHK教育テレビ（現Eテレ）の福祉系の啓発番組『ハートをつなごう』でも「性同一性障害」がテーマとして取り上げられたが、そこに解説者として登場した精神科医は、「性同一性障害は同性愛とは別のことです」と明言し、キーワードである「心の性」とは「「好きになる性＝性的指向」の反対の性」ではないということを、きちんと強調していたものだ。

ただし、そうして一般社会向けにものごとを啓発的に説明する場合、話をできるだけ簡潔にす

るためか、三変数間の関係についてのあまり細かい話はしていないようだった。

三変数図式で「第二変数」の「心の性（性自認）」と「第三変数」の「好きになる性（性的指向）」が別々の変数だというのは、以下のようなことだ。

各変数のとりうる値が三値だとすると面倒なので、とりあえずM、Fの二値としておく。表2を見てもらおう。これは、男性の身体で生まれている人に限定しての調査だと想定してわたしが作表したものだ。「心の性」がMであるかFであるかによって行分けをし、「性的指向」がMに向かっているかFに向かっているかによって列分けをした。もし、「性的指向がFに向かっている」ことをもって「心の性がMであること」だと定義し、「性的指向がMに向かっている」ことをもって「心の性がFであること」だと定義するのなら、集計結果の数値を「行和（ヨコの計）に対する相対度数」に加工して示せば、サンプルをどんなに大きくとっても、すっきりこの表のようになるだろう。これは統計以前の、言葉の定義のレベルの話である。この場合、「性的指向」と「心の性」は、前者によって後者を定義している関係なのだから、どちらか一方を挙げておけば、他方を挙げることは重複にすぎない（挙げることによって付け加わる情報は何もない）。

「「心の性」と「好きになる性」は別々の変数です」ということの意味は、

表2

		好きになる性		
		M	F	計
心の性	M	0%	100%	100%
	F	100%	0%	100%

「ここで言う「心の性（性自認）」は、「性的指向（好きになる性）」とそういう定義的関係で結ばれるようなものを指して言っているのではありませんよ」という意味なのだ。

ではもし、実際に統計調査をした場合に得られる数値はどんなものかと考えて、わたしのおおよその推測を示したのが表3だ。二つの行は「心の性（性自認）」による行分けであるが、身体の性が男性であることを前提としての行分けだから「MTM」および「MTF」と書いておく。

第一行は「シスジェンダーの男性の中で、性的指向が男性に向かっている人と女性に向かっている人の内訳」を表わしている。一般に世の中でホモセクシュアルは約五％で、あとはヘテロセクシュアルだという情報を反映して、「五％と九五％」という数値にしておいた。そして、第二行は「生まれた身体は男性だが性自認は女性というMTFの中で、性的指向が男性に向かっている人と女性に向かっている人の内訳」を表わしている。MTFレズビアンは案外多いとしばしば言われているが、それでもわたしの感触では三割から四割ぐらいなので、それを反映して「六五％と三五％」という数値にしておいた。

表3

	好きになる性		
	M	F	計
MTM	5%	95%	100%
MTF	65%	35%	100%

よく、「身体の性＝M」で「心の性＝F」のトランスジェンダーだと称しながら、性的指向がFに向かっている「MTFレズビアン」って、矛盾した存在じゃないかと批評する人がいるが、「MTM（シスジェンダーの男性）」の中で「好きになる性＝F」の人の占める割合（九五％）に比べればずっと

少ないのだから、（男性の身体で生まれた人の中で）性自認がMかFかの別は、明らかに性的指向と相関関係がある。性自認がFである場合のほうが、「女性に惹かれず、男性に惹かれる人」の割合は高いのである。だからこそ、男性の身体に生まれていて「性自認は女性です」と申告すると、「ああ、要するに男性を好きになるわけか」と早とちりされてしまうわけだ。

そういう早とちりが生まれるのも無理からぬと言える程度には、「心の性」と「好きになる性」とのあいだに統計的な相関はあるのだ。

生まれた身体の性に心がかなり引きずられていることは否定できない

ここでさらに視点を変えて、性自認が何であるかという、三変数図式の中の第二変数を軸にして考え、「心の性＝F」という限定があてはまるグループの中で、第一変数と第三変数とがどういう関係を構成しているかを考察してみることにしよう。「心の性は女性です」と自覚している人の中にも、第一、第二変数の組み合わせが「F、F」である「シスジェンダーのネイティブ女性（FTF）」と、第一、第二変数の組み合わせが「M、F」である「トランス女性（MTF）」との二種類がある。その区分によって行分けをして、列のほうは前と同様に第三変数、すなわち「性的指向」によって分けてみよ

表４

	好きになる性		
	Ｍ	Ｆ	計
ＦＴＦ	95%	5%	100%
ＭＴＦ	65%	35%	100%

う。そして、わたしのおおよその推測を数値化したのが表4だ。

ここでも、一般に世の中でホモセクシュアルは五％程度だという情報を反映して、第一行の内訳は「九五％と五％」としておく。そして、ＭＴＦの中の内訳については、先の表3の数値を踏襲して「六五％と三五％」としておいた。こうすると、明らかに第一変数と第三変数とのあいだに相関がある。簡単に言えば、同じく「心の性は女性」と自覚している集団の中でも、「生まれた身体の性＝Ｍ」の人のほうが、「好きになる性＝Ｆ」になりやすいということで、性的指向は、身体の性にかなり引きずられているのだ。

このような、「性自認が女性である集団の中でも、ＦＴＦとＭＴＦのあいだでは差異がある」とみられる現象は、性的指向だけにとどまらず、いろいろあると思う。

わたし自身、内省してみて思うことだが、小さいころから「男の子グループ」に適応できない悩みにさんざん翻弄されてきたにもかかわらず、「生まれた身体の性＝Ｍ」であるという事実が心に刻み込む刻印も、さまざまな面で受けていると自覚するところがある。

ネイティブ女性が得意とする井戸端会議的な、よく言えば「当意即妙、臨機応変、融通無碍」で、悪く言えば「散漫」な会話のリズムには、なかなかついてゆけなかったり、語学を勉強するとかく「畳の上の水練」になってしまって、実戦的会話力が身につかなかったり。……その反面、空間把握能力においては、大多数のＦＴＦには負けないと、妙に自信がもてたり。これらは、男性の身体を授かって生まれてしまったことの、残念な点でもあり、利点でもあるのだろう。

わたしの場合は、そうした「生まれた身体がMであったことによって心に刻まれたしるし」のひとつとして、「性的指向がFに向かっていること」もあると思っている。

こんなわたしにとって、正直に言うと、「私は心の性は女性なのであって、生まれた身体の性別とは逆であって、医学的にもそのように認められているんだから、……」などということを、水戸黄門の印籠みたいに振りかざすのではなく、「あの人は、ああいう人なんだ」と、ありのままに認めてもらって暮らすほうが、じつは楽ではあるのだ。

結局、性同一性障害も性分化疾患の一種なのだろうか？

「性同一性障害とは何か？」を初心者向けに説明する際、「身体の性と反対の性自認をもつ生まれつきの心のあり方」と説明されることが多い。これは以前にも述べた「漏斗の孔」の先入観にとらわれている人々を「はっ」と立ち止まらせて、考えの見直しをうながす「ショック療法」としては、確かに有効だと思う。だが、正直に言って、いささか単純化のしすぎではないかと、わたしは当事者として感じる。

三変数図式は、確かに、それまで迷走気味だった議論を整理し、話をわかりやすくするうえで、たいへん有効だった。しかしながら、第一変数である「身体の性」の次元でも、典型的な「男性」や典型的な「女性」には分類できない「性分化疾患」の人が少なからずいることを考えると、脳の性分化によって規定されると思われる第二変数「心の性」についても、典型的な「男性」や典型的な「女性」には分類できない中間的なあり方をしている人が相当割合いても、さほどおかしい話ではない。

たとえばわたしの場合、染色体レベルでの性分化疾患はまったくもっていないが、ワイシャツの既製品に合うサイズのがないぐらいに、腕の長さのわりに首が細かったり、男性用の腕時計のベルトがブカブカになってしまうぐらいに手首が細かったりするところからも、どこかしら、身体的にも男性としては不全なところがあるように感じる。

ホルモン受容体についての細かい医学はわたしにはわからないが、身体レベルにおいても、わたしの場合、胎児期以来、精巣から分泌される男性ホルモンに対して体細胞が反応しにくい素質があって、こんな身体になっているのかな、とも思う（完全に男性ホルモン受容体に不備がある場合には、性染色体がXYで、精巣もあるにもかかわらず、胎児期の性分化が男性型へと進まなくて、女の子として生まれ育つ「アンドロゲン不応症」になるわけだが）。このように、身体レベルにおいても、すでに胎児期において若干、男性への分化が不全である状態が生じていて、それに輪をかけるかたちで、身体の性分化に少し遅れて始まる脳の性分化に際しては、男性化が進みにくかったのではないかと思われる。

だから、脳がかなり「女性寄り」に形成されて、五歳のころから「男の子」に分類されることに抵抗を感じるような心の状態になったのだろう。これは、脳をも含めて広い意味で「身体」と考えた場合、分化の途上で十分な男性化が起こらなかったという、広い意味での「性分化疾患」と言えるのではないか、とも思う。

だから、男の子としては明らかに不全だったけれども、完全に女の子の心であったかというと、そうとも思えない要素を、自分自身のうちに感じるのだ。

これは、案外、MTFにはよくあるタイプなのかもしれない。

SRSコミックの二大作品『僕が私になるために』（平沢ゆうな、講談社）と『生まれる性別をまちがえた！』（小西真冬、角川書店）のいずれもが、「少なくとも体は男なんだから、男として生きてくしかないんじゃないか」といった気持ちでいた時期がかなりあったと、主人公に告白させていることからもわかる〔平沢：二三ページ、小西：一一三ページ〕。

身体に性分化疾患があるのと同じように、心にも性分化疾患があるんだ、……そう思えばいいのかなというのが、わたしがしばしば抱いてきた感想だ〔注七〕。

〔注七〕もっとも、先に注五でも紹介したように（また、第一章の注七でも触れておいたように）、性分化疾患の当事者の大多数は自分を男女のあいだの中間的な性であるかのようにとらえられることを不本意に感じているとの報告があるので、性自認に揺らぎがあることを安易に身体上の性分化疾患になぞらえることには慎重であらねばならないと、今のわたしは感じている。

疾患なのか個性なのか

ここでさらに、もう一歩突っ込んで考えると、性同一性障害という名の「疾患」を考えること自体が、そもそも当を得ていないのではないか、という論点が浮上してくる。

「性同一性障害（性別違和）」は「もって生まれた身体の性別に持続的な強い違和感を覚え、反対の性への帰属感を覚える」という、生まれつきの「心のあり方」を指している。簡単に言えば、新生児一万人のうち五十人ぐらいは、胎児期の脳の形成のされ方ゆえに、将来、自分の身体の性別に違和感を覚え、反対の性への帰属感を感じるような心のあり方で生まれてくる、ということだ。

もし、そういう生まれつきの「心のあり方」を「矯正」することをもって「治療」と名づけるのであれば、そのような「治療」は不可能であると、すでに精神医学は結論を出している。この点は、同性愛がかつてのように「治療（＝矯正）」を要する（かつ、「治療」することが可能な）「疾患」とは考えられなくなったのと、軌を一にしている。それなのに、依然として「性同一性障害（性別違和）」の「治療」について医学があれこれ語るのはどうしてかというと、それは、この場合に関しては、「心のあり方」を「矯正」することとは別の医療行為に、とりあえず「治療」という名をつけているからにほかならない。

要は、何を「治療」と呼ぶかの問題なのだ。

同性愛の場合、それが生まれつきの「心のあり方」であって、精神医療的介入によって「矯正」することは不可能だとわかった時点で、医学の果たせる役割は「おのれの守備範囲を自覚してこの問題から手を引くこと」以外にありえないと決まる。性同一性障害（性別違和）の場合も、それを「矯正」しようとする試みから医学は手を引くべきだという意味では、医学の立ち位置は同じである。にもかかわらず、投薬や手術（ホルモン療法やＳＲＳ）によって当人の身体の状態を変え、自認の性別での社会生活をしやすくするという手助けは、医学の知識を動員することで可能だ。その意味で、またその意味においてのみ、医学はＧＩＤ当事者のＱＯＬの向上へ向けて積極的貢献ができる。その次元で「できることはしましょう」というふうに対応するのを、この場合の「治療」と名づけているのだ。

そのようにして、人の身体に手を加える医療行為（医師免許のない者がやれば傷害罪になるような行為＝医師が行なうことで違法性が阻却されるような行為）を行なうにあたり、それに先立って「診断」が下されなければならず、「診断」を下すためには「疾患」概念が必要である……という理由によって、性同一性障害（性別違和）は医療制度上の「疾患」となるのだ。だから、これはもともと医学上の「疾患」ではなく、医学上は「ヒトの生まれ方のひとつ」、さらに言うならたんに「個性」であると言ってしまっても、差支えはないのだ。

実際、第一章の注四にも書いたように、近年では医学上の正式名称としては「障害」概念を含むGender Identity Disorderは使わないことになっており、Gender Dysphoria（性別違和）を経て、さらにはGender Incongruence（仮訳：性別不合）と呼ぶのが医学界の流れになってきている。本書では、今までこの問題を考える際にわが国で最もなじまれてきた用語をとりあえず踏襲しておくという意味で、「ＧＩＤ」＝「性同一性障害」の語を用いてきたが、医学的にはもはや「障害」という概念にあてはめること自体が時代遅れとみなされるようになってきているということは、しっかり言及しておくに値する。

「脱病理化」と「医療的ケアの充実」との両立を

ＳＲＳ体験者で漫画家の小西真冬は『性転換から知る保健体育』（角川書店、二〇一八年）の最後のほうで、「ＬＧＢＴの問題というのは、最終的には「実は私、ゲイなんだ！」とか「レズビアンなんだ！」とか「元男なんだ！」とか告白することが、「実は私、山羊座生まれなんだ！」と告白する場合と同じように世間で受け止められるようになるのが理想なのだ」という意味のことを書いている（一八七〜一八八ページ）。

ある特定の人の生まれ日が、十二星座のうち射手座でも水瓶座でもなくて「山羊座」であることを、人格の中枢にかかわる深刻な「問題」だとは、だれも受け止めていない。話題にするとしても、「三島由紀夫もそうでしたね」とか、「星占いの本には、地味で、コツコツと努力する、完壁主義者だとか、書かれていますね」とかいうぐらいが関の山だろう。

ＳＲＳを済ませて普段はすっかり「埋没」して暮らしている人が、医療機関受診にあたって「身体的には、途中からの性別移行者です」と申告しないといけない場合はあるだろうが、そういう際の自己申告と適切な対応ということを除けば、ＧＩＤだからといって、医学の見地からあだこうだと口出しをされる対象ではないようにしたほうがよいのだ。たんに「そういう生まれ方をした人だ」と理解され、本人が身体の性別移行によって自分のＱＯＬは上がると確信し、それを望んでいるのなら、それを助けるべく医療上の十分なケアが用意されるように、というだけの話にしたほうがよいのだ。

本書の準備をしているとき、わたしが一部の医療者から「やらなくてもいいことをやってるんだから、副作用で変なことが起こっても自己責任ですよ。わかっているんでしょうね」と言いたげな、少々トゲを含んだ言葉を浴びせられたことをブログに書いたら、ある読者から、「国連人権理事会で採択されたジョグジャカルタ原則」〔注八〕の一部を引用したコメントをもらった。

その「ジョグジャカルタ原則」の中の、「性同一性障害（性別違和）」に関連する部分は、その人の引用する訳文によれば、以下のようなものだ（残念ながら、わたしはそれの英文はまだ入手できていない）。

第十七原則　到達可能な最高水準の健康への権利

（g）性別適合に関連した身体変更を受けられることを容易にし、それが法的に正当であり差別的でない治療とし、看護や支援も容易に得られるようにする。

第十八原則　医学的乱用からの保護

あらゆる分類（DSM－ⅣやICD－10）〔注九〕の規定に拘わらず、個人の同性や両性への性的指向や身体とは異なる性同一性はそれ自体は病気ではなく、その意識を治療されたり抑圧されない。

つまり、「性同一性障害（性別違和）」それ自体は、同性愛、両性愛と同様、ヒトの生まれ方の一種にすぎず、「矯正」すべき病気ととらえられてはならない、ということを「第十八原則」で強調しつつ、その一方、「第十七原則」で、「性別適合」に関連する医療的ケアは、法的に正当な治療として、最大限の支援を保障されるべきものであることも強調しているわけだ。

この問題については、「脱病理化」と「医療的ケアの充実」という、一見両立しにくく思えるかもしれない二つの課題を、うまくバランスをとりながら推し進めていってほしいものだ。

〔注八〕ジョグジャカルタ原則は、二〇〇六年十一月六日から九日にかけてインドネシアのジョグジャカルタ市にあるガジャ・マダ大学の国際会議で、国際法律家委員会や元国際連合人権委員会構成員、および有識者たちが草稿にもとづいて議論した後採択され、二〇〇七年三月二十六日にジュネーヴの国際連合人権理事会で承認されたもの。

二〇一七年にジェンダーの表現と性別の身体的特性について補完され、いくつかの新しい原則が含まれた。原則および補足には、レズビアン、ゲイ、バイセクシュアル、トランスジェンダーおよびインターセックスの人々への人権侵害に対処するための国際人権法の基準を適用するための一連の勧告が含まれた。正式名称は「性的指向と性同一性に関わる国際人権法の適用に関する原則」。

〔注九〕ＤＳＭは、米国精神医学会が作成している「精神疾患の診断・統計マニュアル」で「Ⅳ」は第四版（二〇〇三年）のこと。ＩＣＤは、ＷＨＯが作成している「国際疾病分類」で「10」は第十版（一九九〇年）のこと。

早期発見、早期「治療」開始の必要性

ここでひとつ、ぜひとも関係者に心がけてもらいたいことは、ＧＩＤの早期発見、早期「治療」開始ということだ。

わたし自身の場合は、生きた時代が時代だから、若いときに自分の性別違和を「診断」してもらえる機会など最初からなく、その結果、もう仕事も定年になって、職場との調整などは必要としない年齢になってからＳＲＳを受け、「完パス」など目指す必要もないという気楽さに開き直って生きている。が、目下社会人として現役である人や、これから就職活動をする人などの立場を思えば、胸の痛むことが多い。

「性別二元論」がよいかどうかは再考の余地があるとしても、現在の社会でいちおう一人前の

社会人として活躍したかったら、「性別」という枠組みが意味する最低限の縛りには順応しておかないと、生活がしづらいことは事実だ。だから、自分の心の性は生まれた身体の性とは逆だとはっきり自覚できた場合、今後の社会生活を反対の性として支障なく送れるだけの容姿を獲得するための手助けは、なるべく早くから受けたほうがよい。それに、人間形成に欠かせない教育を受ける最中の学齢期の当事者の場合、性別違和の持ち主であることが周囲からの無理解と差別のまなざしにさらされ、「いじめ」などを受け、そのために学業に支障をきたすようであれば、将来の社会生活へ向けて、重いハンディキャップを不当に負わされてしまうことになる。

そうならないためには、周囲の同級生が当人のことを偏見なく受け止め、「あの子は、そういう子なんだな」と理解したうえで、人間としてあたりまえの交流を保つことができる学校環境を、教育者たちが率先して作り出す必要があろう。こうした生活環境面での適切な配慮を可能にし、身体面の治療を年齢的に適切な時期に適切なかたちで受けられるようにするためにも、早期発見は重要な意味をもつ。

このことを理解するためには、ヒトの男女の体格や顔貌の差がいつの時期から顕著になるかについての、医学的知識を踏まえる必要がある。

「ヒトの身体は、発生学的にみて、♀が基本形で、♂は派生形」ということがよく言われる。「♀が基本形で♂は派生形」という関係は、胎児期ばかりでなく、思春期の第二次性徴の発現過程でもやはりみられる。

典型的なのが顔貌で、およそヒトは、満十二、三歳までは、性による顔貌の違いは少なく、男の子を服装で女の子にみせることも容易だ。それが、満十四歳か十五歳ぐらいになると、男の子は喉ぼとけが突き出てくるにつれて声変わりして声がぐっと低くなるし、顔貌も、ヨコに比べてタテが相対的に長い「大人顔」になってくる。鼻の高さも、絶対的に高くなるとともに、顔の寸法に対する相対比でみても高くなる。

それにひきかえ、女の子のほうは、声変わりはあるとはいえ、男の子ほど激しく音程が下がりはしないし、顔のタテヨコ比や、顔の寸法との比でみた鼻の高さも、子ども時代とさほど変わらないままで成人を迎える。だから女性は、成人後も児童期の面影をよりよく残しているようだ。

このことの結果として、MTFの人が身体の性別移行を果たそうとすると、成人してからではなかなかむずかしいという問題が生じる。男性の身体で生まれて、思春期以降の成長過程を全部経てしまった場合、顔貌が幼児期とはかなり変わってしまっているので、どんなに女性ホルモンを摂取してみても、「元に戻す」ことは困難だからだ。

その点では、FTMのほうは有利だ。女性の身体で生まれた人が、身体の性別移行を図って、顔貌や声などの男性化を勝ちとりたい場合、成人後であっても、男性ホルモンを摂取すれば、喉ぼとけが発達して声が低くなったり、体毛が濃くなったり、ヒゲが生えたりするばかりでなく、顔貌もある程度男性型、つまり、タテヨコ比でいって縦長で、鼻の隆起の度合いが高いというかたちに、もってゆくことが可能なのだ。だから、服を着たときの外見に関するかぎりは、FTM

はわりと簡単に「パス度」を上げることができる。

身長に関しては、よく伸びる時期が女の子と男の子とでは少しずれていることに、だれもが気づいていると思うが、女の子は十一歳の前後がいちばんよく伸びる時期で、十二歳までは平均して男の子よりも身長が高い。そのかわり、伸びの停止する時期は男の子より早く訪れる。男の子は十三歳の前後がいちばんよく伸びる時期で、その時期に女の子を追い抜き、十七歳ぐらいまでは伸びが続く。

性同一性障害（性別違和）と診断された子の身体的な「治療」の進め方は、これらのことを考慮に入れたうえで、適切な時期を選んで行なわれるべきだ。

児童期の性別違和は思春期以後には解消する例もあるので、思春期の入り口である十二歳ぐらいで不可逆的な「治療」を始めてしまうと、あとになって本人が「早まったことをした」と言い出す危険性もある。だから、その時期に性ホルモンの投与まで進むのは控えたほうがよいとされている。日本精神神経学会が「性同一性障害に関する診断と治療のガイドライン」を最初に作成したとき（一九九七年）には、その点はたいへん慎重を期して、ホルモン療法の開始は十八歳以降としていた。その後、もっと早く受けたいという要望も強いことに鑑み、ガイドラインの第四版（二〇一二年）では、事前のカウンセリングが十分に行なわれていることを前提に、十五歳からのホルモン療法開始も認めることになった。が、それでも、第二次性徴はすでに進行中の年齢だ。

特にMTFの場合、十五歳なら声変わりもすでに進んでいるし、身長も女の子を追い抜いて高くなってきている。できれば、もう少し早くから身体の男性化を抑制しておいたほうがよい。

そういうわけで、同じくガイドラインの第四版で、十五歳よりも前から「GnRHアゴニスト」という二次性徴抑制剤を投与することは認めることとされた。この薬は、投与をやめれば二次性徴の身体の変化が再開されるので、効果は不可逆的ではない。これの投与によって二次性徴の進行を一時的に抑えておいたうえで精神科カウンセリングを続け、性自認に揺るぎがないことが確認されたら、十五歳とか十六歳とかでホルモン療法へと移行すれば、理想的なかたちで「パス度」の高い骨格や顔貌を得させることができる。

FTMの場合は、先にも書いたように、顔貌やヒゲや声などに関するかぎりは成人後に男性ホルモン投与を受け始めても「パス度」を高くできるのだけれども、身長に関しては、「骨端線の閉鎖」が起こって以後では、男性ホルモンの力で再び伸びを強めることはむずかしい。今後に向けては、早くから性別違和を自覚したFTMは、MTFと同様、二次性徴抑制剤の投与はなるべく早くから受けておいたほうがよい。そうしておいたうえで満十七歳ぐらいの年齢を迎えるなら、身体上の思春期が先送りされているせいで、まだ「骨端線の閉鎖」は起こっていないから、投与する薬を二次性徴抑制剤から男性ホルモン剤へと切り替えてもらいさえすれば、ネイティブ男性の思春期の身体的変化を後追いするかたちで、身長も二、三年のあいだにぐっと伸ばすことができるとのことだ。

当事者はもちろん、わが子に性別違和をカムアウトされた親や担任教師なども、このような医学情報をきちんと教えてくれる人が身近にいると助かるだろう。

GID学会が設けた認定医制度

ＧＩＤ学会が二〇一五年に「認定医制度」というものを発足させたのは、たとえば右に述べたＧＩＤ治療のタイミングの問題ひとつとってもまだ世間一般の常識にはなっていない現状を踏まえて、当事者や関係者のさまざまな疑問や悩みに的確に対応できるような、地域の核となる人材を、全国に密に配置しておく必要性が痛感されているからだ。ＧＩＤ医療はもともと、ふだんは多様な専門領域に分かれて活動している医師が、その知識的・技術的資源を出し合って、問題指向型の横断的なチームを組んで取り組まねばならない学際的なテーマである。参加する個々の医師も、専門分野での知識・技術の提供と同時に、つねに治療の全体像を念頭に置いて、目下の自分の行為が全体の構図の中で占める位置を自覚しながら進むことの望まれる医療だ。

それにとどまらず、当事者や家族にとっては、学校生活、近所づきあい、プライバシー、就職活動といった、この問題の社会的側面について、的確なアドバイスを受けながら対処してゆくことがつねに（切実に）求められるという意味で、医学的側面と同時に社会的側面でも、頼れる人材が身近に必要である。

認定医制度の創設にあたっては、その目的は、「各専門領域の診療経験を活かしたうえで、性同一性診療に関する幅広い知識と洗練された能力を備えた臨床医を育成、認定する。これにより、性同一性障害当事者が高水準の医療の恩恵を受けることができるように、チーム医療の実現、普及に貢献する」ことと宣言された（中塚幹也著『封じ込められた子ども、その心を聴く――性同一性障害の生徒に向き合う』（ふくろう出版、二〇一七年）一四六ページ）。

認定医の資格はＧＩＤ学会が実施する試験に合格することで得られるが、事前にそのための研修会が開かれている。研修のプログラムには医学的内容だけでなく社会的内容も含まれており、医師以外にも開放されている。認定医の資格を付与されるにふさわしい医師としては、すでに当事者と接触する機会をもっている精神科、内科、小児科、泌尿器科、産婦人科などの、地域の小規模なクリニックの臨床医が想定されているが、そうした医師には、臨床医療の現場での活躍と、総合的なジェンダークリニック（あるいは「ジェンダーセンター」）をもつ大病院への橋渡しが期待されているだけでなく、近隣の学校におけるＧＩＤの子どもへの支援の中心となり、健康教育、性教育などにおける適切な情報提供や啓発を行なうことも期待されている。さらに、地域における教育や行政の施策への関与も期待されている。

医師以外で研修に参加している看護師、保健師、臨床心理士、養護教諭、一般教員などにも、地域での小回りの利く活躍が期待されている。

ＧＩＤ学会のホームページによると、二〇一八年現在で、認定医資格のもち主は全国で二十人に過ぎないというが、当事者からのアクセスの便を考えれば、都道府県ごとに十人ぐらい、東京二十三区などでは各区に二、三人ぐらいの密度で、全国に配置されるのが理想だろう。

なお、性同一性障害（性別違和）をテーマとする本の多くに書かれている話だが、日本では、一九六四年に「性転換」を希望する（身体的に男性の）患者に対して精巣摘出手術を自由診療で引き受けた医師が、当時の優生保護法（現在の母体保護法）二十八条違反の容疑で翌年逮捕され、一九六九年に有罪判決を受けた「ブルーボーイ事件」と呼ばれる事件があった。その判決が誤解され、「性転換手術は違法」との司法判断が下ったかのように受け止められ、医師のあいだに「この分野には手を出さない」というタブーができてしまった。そのため、諸外国で性別適合手術が正統な医療として認められ、その環境が整えられ始めてから三十年近くにわたって、日本ではその方面の医療は手つかずのまま停滞してしまった。

今ようやく軌道に乗り始めたばかりのＧＩＤ医療について、今後へ向けて改善しなければならない問題点は、山積していると言えよう。

総合的なジェンダークリニックの充実を

二〇一九年現在、先に紹介したような「ＧＩＤ学会認定医」の密なネットワークを基礎にしながら、そこですくい上げられた患者に、今一歩踏み込んだ医療サービスを提供するにふさわしいジェンダー問題の総合的医療施設として、たとえば岡山大学病院ジェンダークリニック（さらにそれを包括する組織としての「岡山大学病院ジェンダーセンター」）のような拠点的施設が全国に数か所あるが、今後増えてくるであろう患者への本格的な対応にはとうてい追いつかない。患者のアクセスの便を考えれば、せめて都道府県に一か所ぐらいは、そういうジェンダークリニック（あるいは「ジェンダーセンター」）を設置してほしいものである。

そうしたジェンダークリニックが対象とすべき診療分野は、どう設定されるべきか？

これまでのところ、同性愛の問題は、関係者の視野に入っているようだ（たとえば康純編著『性別に違和感がある子どもたち』の第四章参照）。性別違和を自覚し始めた子どもたちの多くは、自分の心のあり方を整理しきれておらず、最終的には同性愛者と判定されるような、身体そのものへの違和感はない者が、自分は性別違和ではないかと思う場合もあるからだ。逆に性別違和であるにもかかわらず、当初は自分は同性愛者なのかと思う者もいる。

同性愛そのものは、すでに触れたように、現在では精神医学上の疾患とはみなされておらず、それを「治療」する試みは無効であり、医師が手がけるべき仕事でもない。しかし、同性愛者であることによって交友関係などに悩み、カムアウトすることが自分の人生にとってプラスかマイナスかなどと悩んでいる者が、的確なカウンセリングを受けたいというのなら、適任者は「性の多様性」の問題に敏感な感性をもっているジェンダークリニック関係の精神科医や臨床心理士であるに違いない。

また、身体面での性分化疾患の領域は、性自認や性的指向によるマイノリティーの人たちをサポートする話とは性格が異なるので、混同は避けたほうがよいけれども、治療のうちの形成外科的な部分はＧＩＤ治療と大幅に重なり合っており、双方に通じた人材の育成と活用は、人的資源活用の見地からきわめて望ましいことである。

もし、性分化疾患のもち主であると同時に性別違和もかかえているというような当事者がサポートを求めてきた場合には、「ジェンダークリニック」は当然それに対応できる態勢を整備しておくべきだし、またそれは十分に可能なはずだ〔注十〕。

これらすべてに対応する「性的多様性」の問題に取り組む医療機関なら、わたしが述べたぐらいの密度で全国に配置されてちょうどいいぐらいの、多くのクライアントを得るであろう。そこに集められるべき医師は、精神科、内科、小児科、泌尿器科、産婦人科、形成外科など、何科でもかまわないが、そうした専門を踏まえつつ、あらためてジェンダークリニックの趣旨に沿った一定期間の研修を受け、この学際的分野についての最低限の共通合意事項を身につけたスタッフとして、養成されるべきである。

〔注十〕米国精神医学会の作成している「精神疾患の診断・統計マニュアル」では、その第五版である「ＤＳＭ－５」（二〇一三年）において初めて「性別違和（性同一性障害の新しい名前）」の診断基準の中から「身体的に半陰陽をともなったものではない」との除外規定を外し、現にその当人が社会生活上その性として扱われている「指定された性別（assigned gender）」に対して本人が強い違和感を覚えているならば、「性別違和」と診断できるものとした。その前の第四版である「DSM-Ⅳ」(二〇〇三年)では、当人が身体的には男女どちらかの性(sex)に確定的に属していることを前提として、その身体的性別に強い違和感を覚えるのが「性同一性障害」であると定義されていた。この古い診断基準によれば、何らかの性分化疾患をもって生まれたうえで、出生直後に男女どちらかの性を「指定された(割りあてられた)」者が、物心ついて以後、その「指定された性別」に違和感を覚えて医療的援助を希望した場合、何らかのサービスは受けられるにしても、それは「性同一性障害」という診断名のもとにではなかった。現在は、性分化疾患ももちながら同時に性別違和の問題もかかえているという当事者も、性同一性障害(性別違和)をメインの守備範囲とするジェンダークリニックで治療を受けることが可能となっている。

「焼き鳥屋の秘伝のタレ」みたいなSRSの現状

SRSにはいろいろな術式があり、MTFのSRSの場合、大きく分けて造膣を「反転法」でやるか、「S字結腸法」でやるかの違いがあるという話は、どこにでも書いてある。わたしの受けた「造膣なし」の簡易コースにかぎってみても、術式は施術する医療機関ごとに違う千差万別のやり方があるように思われる。

よく、「造膣すると、その穴は要するに皮膚で内張りしただけの「傷口」で、周囲の肉が盛り上がってきて塞いでしまおうとする。じゅうぶんな広さと奥行きのある膣を確保するためには、ダイレーションが欠かせない」と言われる。それなら、陰唇のあいだに作られたかなり深い溝はいったい何なのか、との疑問も湧いてくる。「そこだって、元の身体からすれば、掘り込まれて人為的に作られた溝なんだから、周囲の肉が盛り上がってきてそれを埋めてしまおうとする力は働かないのか？」とも思われるが、ふしぎと、そういう力は働かないようで、わたしの場合も、鏡でしっかり眺めてみるに、ちゃんと永続的な「溝」が確保されている。

きっとそこには、何らかの「秘訣」があるのだろう。あからさまに言えば、溝のあたりは、「もと陰囊の皮膚」と思われる黒っぽい部分のほかに、口腔粘膜と同じような新鮮な色の部分もあるから、たぶん、尿道の管のうち切り縮めて女性型尿道として存置した部分より先の余った部分を切り開いて、その内側の粘膜を再利用していると思われる（あるいは、ペニスの包皮を反転するとみえる、あの部分の粘膜も？）。

わたしが「術後トラブル」で苦労させられた尿道狭窄については、「切って傷つけた場所は、ほっておけば周囲から肉芽が出てきて、塞ごうとする力が働く」と、東京の泌尿器科からさんざん脅された。新たな尿道口を作るにあたっては、皮膚と皮下組織に孔をあけた場所に一度尿道を通したうえで、長さの余った部分を切り開く作業をしているようだから、新尿道そのものを「切って傷つけた孔」としてこしらえているわけではない。「新たにあけられた孔」になっているのは、尿道出口付近の、尿道を取り巻く組織だけである。だから、「術後トラブル」で尿が出にくくなったときも、施術したクリニックの判断では、出口付近が「拘縮」を起こしたのであって、「肉芽の盛り上がり」ではないと言われた。したがって、「拘縮」を解きさえすれば、人工膣のダイレーションみたいな「傷口が塞がろうとする力を跳ね返す」拡張作業を半永久的に課せられるというものではないようだ。

が、いずれにしても、何を素材にしてどの部分をこしらえるかのしかたについては、施術する医療機関ごとの独自の「やり方」が使われているようで、それはちょうど、「焼き鳥屋さんにはそれぞれ、その店独自の秘伝のタレがある」という話と似たようなものになっているようだ。

だから、術後トラブルが起こった場合のアフターケアも、現状では施術した医療機関に行かないと受けられないのが普通だ。タイで手術を受ける場合には、一年後の再診察と修正手術はタダにしてもらえるというコースもあるというが、トラブルはそれ以前やそれ以後にも起こることが多いから、国内では診てもらえる医療機関がみつからず、さんざんな目に遭っている人もいるようだ。

今後はＳＲＳについて、細部に違いはあっても定型化した術式がいくつか確立され、「私は何方式での手術を受けました」と申告しさえすれば、その後のケアについては、ＧＩＤ専門の形成外科医が診れば、どこの医者でも対応できるというふうになるべきである。

未踏の大地を行くわたしたち

本書で何度も書いているように、満五歳のときから「こんなからだ、いやだ。女の子のからだでなくちゃ、いやだ」と思っていたわたしだが、四十代までは、幼時のその夢を実現する道はほとんどないと思って、あきらめていた。わたしの若かったころ、普通の勤め人が在職のままカム

すっぴんの修道女（2018年）

アウトして、「これから手術を受けて性別移行するつもりですが、同じ職場で働き続けたいですからよろしく」などと言えば、気でも狂ったかと言われるのがオチだったろう。

それと比べた場合、普通の勤め人をしている人が職場にカムアウトして、在職のまま性別移行を試みるケースも稀ではなくなった現今の世の中をみると、まったく隔世の感がする。

それでも、依然としてそれが大冒険であることには変わりがない。

わたしのように、職場のしがらみもなくなってから性別越境する者は、「完パス」できなくても結構と、開き直っていられるが、これから社会人として生活してゆくという若い人の場合は、性別移行すると決めた以上、「パス」することはきわめて重要な課題だ。

だからこそ、ＧＩＤ医療関係者には注文したいことがある。三十歳以降に初めて治療に踏み切ったＭＴＦの多くは、骨格が出来上がってしまっていて、顔貌を女性的に見せることがホルモン療法だけでは困難だ。彼女らの多くはそのことをいちばん気に病んでいる。これについては、海外ではすでにかなり普及しているＦＦＳ（=Facial Feminization Surgery、顔の女性化手術）というものがある。顎骨《あごぼね》のエラの張り、前頭骨の眉弓《びきゅう》の張り出し、鼻の大きさと形状など、男性的特徴が出やすい部分を削ったり縮めたりすることで、無理なく女性にみえる顔の輪郭をこしらえる美容整形手術である。現在のところ、精神科からのＧＩＤの診断書が出ていても、それ以降の性別移行医療のうち健康保険の適用対象となっているのは、二〇一八年四月からようやく認められたＳＲＳのみだ。引き続いてホルモン療法を保険の対象とすることがやっと検討に入った段階だ。しかし、社会の側がＭＴＦに一定の「パス度」を要求している以上、ＦＦＳへの保険の適用も、なるべく早く検討を始めてもらいたいものである。

それとともに、ホルモン療法への過度の期待は、見直すべきときに来ているのではないかとも思う。

第二章にも書いたように、生まれた身体の性からみて逆の性のホルモンを身体に入れることは、少なくとも骨密度に関するかぎりは、ＦＴＭに対してのみならず、ＭＴＦに対してさえ、ある程度ネガティブな影響を与える。

わたしのように、精巣摘出後に逆に男性ホルモン補充療法を受けざるをえなくなったケースは例外的だとしても、性別移行後年月も経って、今さら脱毛したヒゲが生え直したり、皮下脂肪が落ちてゴツゴツした体格が戻ってきたりする心配もない年齢になったら、女性ホルモン一本槍ではなく、適度の男性ホルモンも摂取したほうが、内科的な観点からの健康のためにはよいというケースもあるかもしれない。その場合、ＦＦＳで顔貌が十分に女性化していれば、それが再び男性化するようなことはないから、パス度が落ちる心配はないと思う。

ＦＴＭの場合も、いったん男性ホルモンで筋骨や顔貌の男性化を勝ち取り、さらに乳腺や子宮・卵巣の摘出手術も終えてしまえば、それ以後は乳房の張りや生理が戻ってくる心配もないし、太くなったヒゲの毛根が再び細くなることもないのだから、四十歳ぐらいからは男性ホルモン一本槍ではなく、若干の女性ホルモンも摂取して、骨密度の低下を防ぐほうが、全体の健康にとってはよいということも、あるかもしれない。

いずれにせよ、こうした長期的視野でみたホルモン摂取のさじ加減については、まだ症例が積み重ねられていないのだから、当分のあいだは、わたしたち当事者自身が実験台になって未踏の大地を行くぐらいの覚悟がないと、将来世代のための展望を開くことはできない。それを踏み台にすることで、これから生まれてくる世代の性別違和を背負った子どもたちは、より迷いも苦労も少なく適切な医療サービスを享受できて、望む性別での生活に軟着陸できるようになってほしいと、願うばかりである。

参考文献

性同一性障害（性別違和）および性的マイノリティー関連

吉永みち子『性同一性障害──性転換の朝《あした》』集英社新書、二〇〇〇年。

針間克己『一人ひとりの性を大切にして生きる』少年写真新聞社、二〇〇三年。

野宮亜紀ほか『性同一性障害って何？』緑風出版、二〇〇三年。

橋本秀雄『男でも女でもない性・完全版──インターセックス（半陰陽）を生きる』青弓社、二〇〇四年。

上川あや『変えてゆく勇気──「性同一性障害」の私から』岩波新書、二〇〇七年。

Alberto Angela, *Una giornata nell'antica Roma*, Mondadori, Milano 2007.（関口英子訳『古代ローマ人の24時間』河出文庫、二〇一二年。）

毎日新聞「境界を生きる」取材班『境界を生きる──性と生のはざまで』毎日新聞社、二〇一三年。

柳沢正和ほか『職場のＬＧＢＴ読本』実務教育出版、二〇一五年。

針間克己編『ＬＧＢＴと性別違和』（『こころの科学』一八九号特別企画）日本評論社、二〇一六年。

ＮＰＯ法人関西ＧＩＤネットワーク『走る五人の医師──性同一性障害専門医たちの十年』株式会社パレード、二〇一六年。

ちぃ『花嫁は元男子。』飛鳥新社、二〇一六年。

平沢ゆうな『僕が私になるために』講談社、二〇一六年。

森山至貴『ＬＧＢＴを読みとく──クィア・スタディーズ入門』ちくま新書、二〇一七年。

康純編著『性別に違和感がある子どもたち──トランスジェンダー・ＳＯＧＩ・性の多様性』合同出版、二〇一七年。

中塚幹也『封じ込められた子ども、その心を聴く──性同一性障害の生徒に向き合う』ふくろう出版、二〇一七年。

大塚隆史・城戸健太郎編『ＬＧＢＴのひろば』（『こころの科学』SPECIAL ISSUE 2017）日本評論社、二〇一七年。

小西真冬『生まれる性別をまちがえた！』角川書店、二〇一七年。

小西真冬『性転換から知る保健体育』角川書店、二〇一八年。

岡部鈴『総務部長はトランスジェンダー』文藝春秋、二〇一八年。

ルカ小笠原晋也『LGBTQとカトリック教義』非売品、二〇一八年。

LGBTER『LGBTと家族のコトバ』双葉社、二〇一八年。

社会学的ジェンダー論、フェミニズム、性差の先天説・後天説関連

高群逸枝『女性の歴史（上）』講談社文庫、一九七二年。

高群逸枝『女性の歴史（下）』講談社文庫、一九七二年。

沖藤典子『女が職場を去る日』新潮社、一九七九年。

ジョン・マネーほか／朝山新一ほか訳『性の署名――問い直される男と女の関係』人文書院、一九七九年。

上野千鶴子編『主婦論争を読むⅠ』勁草書房、一九八二年。

上野千鶴子編『主婦論争を読むⅡ』勁草書房、一九八二年。

小倉千加子『セックス神話解体新書』学陽書房、一九八八年（ちくま文庫、一九九五年）。

上野千鶴子『マザコン少年の末路――女と男の未来〈増補版〉』河合文化教育研究所、一九九四年。

『増刊号河合おんぱろす　上野千鶴子著『マザコン少年の末路』の記述をめぐって』河合文化教育研究所、一九九四年。

ジョン・コラピント／村井智之訳『ブレンダと呼ばれた少年』無名舎、二〇〇〇年（扶桑社、二〇〇五年）。

アラン・ピーズ＋バーバラ・ピーズ／藤井留美訳『話を聞かない男、地図が読めない女』主婦の友社、二〇〇二年。

ポール・コリンズ／中尾真理訳『自閉症の君は世界一の息子だ』青灯社、二〇〇七年。

ビアンカ・ピッツォルノの著作関連

Bianca Pitzorno, *Clorofilla dal cielo blu*, Bietti, Milano 1974; poi Mondadori, Milano 1991.（本邦未訳『青空からのクロロフィラ』）
Bianca Pitzorno, *Extraterrestre alla pari*, La Sorgente, Milano 1979; poi Einaudi (Lo scaffale d'oro), Torino 1996.（本邦未訳

『ホームステイの異星人』）
Bianca Pitzorno, *L'incredibile storia di Lavinia*, E. Elle, Trieste 1983.（長野徹訳『ラビーニアとおかしな魔法のおはなし』小峰書店、二〇〇〇年。）
Bianca Pitzorno, *Ascolta il mio cuore*, Mondadori, Milano 1991.（関口英子訳『あたしのクオレ（上、下）』岩波少年文庫、二〇一七年。）
Bianca Pitzorno, *Polissena del Porcello*, Mondadori, Milano 1993.（長野徹訳『ポリッセーナの冒険』徳間書店、二〇〇四年。）
Bianca Pitzorno, *Storia delle mie storie*, Pratiche Editrice, Parma 1995.（本邦未訳『わたしのお話のお話』）
Bianca Pitzorno, *La bambinaia francese*, Mondadori, Milano 2004.（本邦未訳『フランス人の子守女』）
Bianca Pitzorno, *Il sogno della macchina da cucire*, Bompiani, Milano 2018.（本邦未訳『ミシンの夢』）
三土修平「Bianca Pitzorno の創作意欲の主動因としての「やり場のない怒り」」『東京理科大学紀要（教養篇）』第三三号、二〇〇一年。
長野徹「ビアンカ・ピッツォルノの児童文学」『日伊文化研究』第四一号、二〇〇三年。

ウェブサイト

「【日本骨粗鬆症学会速報】男性ホルモンが直接骨代謝に寄与、マウス実験で解明」『日経メディカル』デジタル・アーカイブ、二〇〇三年。
https://medical.nikkeibp.co.jp/inc/all/hotnews/archives/271174.html
オランダ社会文化計画局編『インターセックスの状態／性分化疾患と共に生きる』二〇一四年。
http://media.wix.com/ugd/0c8e2d_36b9cbb9aa864fca821ad8bf5ab35b25.pdf
ルカ小笠原晋也『ＬＧＢＴＱとカトリック教義』デジタル版、二〇一八年。
http://lgbtcj.blogspot.com/2018/05/lgbtq.html

あとがき

宮崎駿監督の名作アニメ映画『となりのトトロ』は、出てくる事物から推測して、太平洋戦争の終戦からまだ日も浅い時代を想定していることがわかるが、人物の背景にさりげなく二度出てくるカレンダーの日付と曜日から、一九五二（昭和二十七）年と特定できるそうだ。すると、その春に満四歳になったばかりの「めい」は、一九四八（昭和二十三）年五月生まれということになる。数え年ではわたしより一歳上だが、学年ではわたしと同じだ。

その世代では、たとえ明確に性別違和の持ち主であっても、それを積極的にカムアウトして、SRSまで視野に入れた「治療」を受けようと思い立った人は、例外的だろう。実際、わたしがGID当事者の交流会で出会った人の多くは、一九六五年ごろからあとに生まれた世代だった。

本書は、そういう骨董的世代のGID当事者の体験と意見をつづったものだが、通読すれば容易にわかるように、本書に出てくるわたしの行動の多くは、今後の世代には真似をしてほしくない問題行動である。

そのことと関連して、読者のための忠告を二つ書いておきたい。

まず、MTFのGID当事者の中には、性的指向が女性に向かっているため、女性と結婚すること自体にはさほど抵抗を覚えないという「MTFレズビアン」が一定割合いるが、そういう人が現在未婚である場合、恋愛と結婚については十分に慎重に考えていただきたい。

結婚して子どもも授かってからあとになって、「自分の性自認は女性だと気づいたから、心の性に合った生活を送りたい」と言い出しても、配偶者から理解を得ることはきわめて困難である。相手を「男性だ」と思ったからこそ結婚に踏み切ったに違いない配偶者の側に言わせれば、そういうことをカムアウトすること自体が許しがたく思えるのが普通なのだ。そのとき、カムアウトした夫に対して妻が抱く感想は、端的に言って、わたしが第二章に書いたとおり「里山に勝手に立ち入る他所者」なのだ。

もちろん、人のセクシュアリティーは多様だから、中には、MTFレズビアンとしての気持ちを表明する男性（の身体で生まれた人）に対して、「子どもを授かるまでは生まれた身体の性での生物学的な役割を果たしてほしいけれど、その後は、あなたが「心の性」に合った生活を送りたいなら、反対はしない」と、納得したうえで結婚に踏み切るような女性も、いないことはないだろう。そういう女性をみつけるべく努力を重ね、正直にカムアウトしたうえで結婚にゴールインしたいというのも、生き方のひとつではある。

が、自分をMTFであると早目に自覚した人の場合、そのような稀有な可能性に賭けて危なっかしい青春を送るよりは、たとえ性的指向が女性に向かっていても、普通の男性のようなセックスなどはしないのが自分にふさわしい人生だと達観して、性自認に合った身体を手に入れることを優先課題にしたほうがよいと、わたしは思う。女性とのあいだで子どもを授かりたいなら、凍結精子による人工授精という方法もある。

つぎに、男性としての自分の体に特に違和感も覚えずにいたシスジェンダーの男性が、たまたま恋した相手がレズビアンだった結果、相手から「あなたが女性に変身してくれるなら、愛せる」と言われて、「それなら」と決心し、「性転換」をめざし始めた、……というような、本当か嘘かわからない話がウェブ上に出回っていたことがあるが、当事者として申し上げれば、ああいうものは十中八九興味本位の作り話である。

シスジェンダーの男性が無理やり身体を女性化することで、レズビアンである意中の人の愛を得られるか？

わたしは無理だろうと思う。

なぜなら、身体の性別を移行させてくれるホルモン療法やSRSは、「体も心も男性」であるクライアントを「体も心も女性」である別の何者かに「変身」させてくれる魔法ではないからだ。心の性が男性である者が、身体の外観だけ女性化してみても、それは例のジョン・マネーの「双子の症例」に出てきたデイヴィッド・ライマーと同様、「女性の体を無理やりあてがわれた男性」にしかならない。変化後の状態こそがむしろ、生まれつきのFTMの人と同じく「性同一性障害」の状態であり、本人は身体のかたちが心に合っていないことで悩み続けねばならないことになる。そういう状態の人物がレズビアンである女性から愛してもらえるか？　相手に言わせれば「女の皮をかぶった男なんて、願い下げだ」ということになろう。

こうした作り話は、「性別適合手術」がまだ「性転換手術」と呼ばれていた時代の不正確な情報を聞きかじった非当事者の考えそうな話である。惑わされないように注意していただきたい。

最後に、このような本を書きたいというわたしの希望を受け止めて、昨年七月段階で早々とゴーサインを出してくださった現代書館の菊地泰博社長と、暫定稿の完成後、冗長すぎた部分を徹底的に「刈り込む」作業を進めてくださった編集担当の藤井久子さんのおかげで、こうして本書を読者の皆様にお届けできたことにつき、ご両人に深く感謝の念を捧げたい。

二〇一九年八月

三土　明笑

三《み》土《つち》明《あけ》笑《み》

一九四九年二月十六日　東京都港区に生まれる
一九七七年四月～一九八二年三月　神戸大学大学院経済学研究科に学ぶ
一九八二年四月～二〇〇〇年三月　愛媛大学法文学部教員（一九九〇年一月以降は教授）
一九九〇年一月　経済学博士（神戸大学）
二〇〇〇年四月～二〇一四年三月　東京理科大学理学部第一部教養学科教授

著書
戸籍名で：『初歩からの経済数学』、『初歩からの多変量統計』、『ミニマムエッセンス統計学』、『靖国問題の原点』、『ワルラシアンのミクロ経済学――一般均衡モデル入門』、『[続]ワルラシアンのミクロ経済学――一般均衡モデルの発展的理解』（以上日本評論社）、『経済学史』（新世社）、『よみがえれ！仏教』（世界聖典刊行協会）、『頭を冷やすための靖国論』（筑摩書房）、『いま宗教にできること、できないこと』（現代書館）、『ミクロ経済学の核心――一般均衡モデルへの道案内』（日本経済評論社）など
筆名秦野純一で：『しろがねの雲――新・補陀洛渡海記』（潮出版社）、『椿の咲く日まで――骨髄バンクと土佐清水の仲間たち』（日本評論社）など
なお、「三土明笑」は二〇〇三年七月に愛媛県今治市の文芸同人誌『海峡』第一一号でペンネームとして初めて使用して以後、私生活での通称として使ってきた名前

夢《ゆめ》をあきらめないで
68歳《さい》で性別適合手術《せいべつてきごうしゅじゅつ》

二〇一九年九月十五日　第一版第一刷発行

著　者　三土明笑
発行者　菊地泰博
発行所　株式会社現代書館
東京都千代田区飯田橋三―二―五
郵便番号　102-0072
電　話　03（3221）1321
ＦＡＸ　03（3262）5906
振　替　00120-3-83725
組　版　デザイン・編集室エディット
印刷所　平河工業社（本文）
東光印刷所（カバー）
製本所　積信堂
装　丁　伊藤滋章

校正協力／高梨恵一
 ISBN978-4-7684-5865-5

http://www.gendaishokan.co.jp/